Praxis der Sprachtherapie und Sprachheilpädagogik

Band 8

Herausgegeben von Prof. Dr. Manfred Grohnfeldt,
Ludwig-Maximilians-Universität, München

Wolfgang G. Braun • Jürgen Steiner

Prävention und Gesundheitsförderung in der Sprachentwicklung
Einführung mit Materialien

Mit einem Beitrag von Oskar Jenni

Mit Film- und Audiodateien sowie Kopiervorlagen auf DVD

Mit 14 Abbildungen und 8 Tabellen

Ernst Reinhardt Verlag München Basel

Wolfgang G. Braun, Logopäde (MAS), lehrt an der Hochschule für Heilpädagogik Zürich und leitet den logopädischen Dienst Mittelrheintal / Schweiz.

Prof. Dr. *Jürgen Steiner* ist Leiter des Studiengangs Lodopädie an der Hochschule für Heilpädagogik Zürich.

PD Dr. med. *Oskar Jenni* ist Leiter der Abteilung Entwicklungspädiatrie des Kinderspitals Zürich.

Bibliografische Information der Deutschen Nationalbibliothek

Die Deutsche Nationalbibliothek verzeichnet diese Publikation in der Deutschen Nationalbibliografie; detaillierte bibliografische Daten sind im Internet über <http://dnb.d-nb.de> abrufbar.
ISBN 978-3-497-02286-1 (Print)
ISBN 978-3-497-60062-5 (E-Book)
ISSN 1868-3959

© 2012 by Ernst Reinhardt, GmbH & Co KG, Verlag, München

Dieses Werk, einschließlich aller seiner Teile, ist urheberrechtlich geschützt. Jede Verwertung außerhalb der engen Grenzen des Urheberrechtsgesetzes ist ohne schriftliche Zustimmung der Ernst Reinhardt GmbH & Co KG, München, unzulässig und strafbar. Das gilt insbesondere für Vervielfältigungen, Übersetzungen in andere Sprachen, Mikroverfilmungen und für die Einspeicherung und Verarbeitung in elektronischen Systemen.

Printed in Germany
Reihenkonzeption Umschlag: Oliver Linke, Hohenschäftlarn
Cover unter Verwendung eines Fotos von © creative studio – Fotolia.com
Satz: Arnold & Domnick, Leipzig

Ernst Reinhardt Verlag, Kemnatenstr. 46, D-80639 München
Net: www.reinhardt-verlag.de E-Mail: info@reinhardt-verlag.de

Inhalt

Inhalte der DVD 8

Vorwort 11

I Grundlegende Gedanken zu Gesundheitsförderung und Prävention

1 Grundlagen zum Verständnis von Gesundheitsförderung und Prävention in der Logopädie 14

1.1 Der Gesundheitsförderung und Prävention zu Grunde liegende Modelle 14

1.2 Gesundheitsförderung und Prävention: Begriff und Relevanz in der Logopädie 17

1.3 Präventionsauftrag für die Logopädie 23

2 Gesundheitsförderung und Prävention aus pädiatrischer Sicht 42
Von Oskar Jenni

2.1 Kinderärztliche Vorsorgeuntersuchungen (VSU) 43

2.2 Evidenz von kinderärztlichen Vorsorgeuntersuchungen 45

2.3 Schnittstelle Medizin – Logopädie 46

3 Gesellschaftlicher Auftrag für gesundheitsförderlich-präventive Maßnahmen 49

3.1 Rahmenbedingungen für die Logopädie: Erwartungen, Finanzierung und Ziele 49

3.2 Gesetzliche Regelungen im Kontext Gesundheitsförderung und Prävention 57

3.3 Prävalenz: Zur gesellschaftlichen Relevanz bei der Diskussion um die „richtigen Zahlen" zu Sprachauffälligkeiten 60

4		**Voraussetzungen und Zielgruppen für eine logopädische Gesundheitsförderung und Prävention** 69
	4.1	Relevante Zeitpunkte für Gesundheitsförderung und Prävention 69
	4.2	Gesundheitsförderung und Prävention in der Logopädie: State of the Art 73
	4.3	Das interprofessionelle Team: Voraussetzungen und Prozess 75
	4.4	Migration, Risiko und Spracherwerb 82

II Praxistools für die Logopädie

5		**Stärkung der Eltern als etabliertes Arbeitsfeld** 92
	5.1	Sprachlehrstrategien als Entwicklungschance 94
	5.2	Zürcher Impuls Elterliches Sprachförderverhalten 97
6		**Sprachförderung für alle Kinder** 104
	6.1	Sprachförderung versus Sprachtherapie – Begriffsdiskurs 104
	6.2	Flut von Sprachförderprogrammen 107
	6.3	Verständnis von integrierter Sprachförderung 108
	6.4	Erfahrungswerte bezüglich integrierter Sprachförderung 109
7		**Früherkennung darf kein Zufall sein** 110
	7.1	Der RedeflussKompass zur Früherkennung beginnenden Stotterns 111
	7.2	Der SpracherwerbsKompass als Entscheidungshilfe bei Kindern im Alter von 2,6 bis 4,0 Jahren 112
	7.3	Der LautspracherwerbsKompass – lautsprachliche Auffälligkeiten früh erkennen 113
	7.4	Der LesekompetenzKompass – ein prozessorientierter Beobachtungsbogen zur Früherfassung von Leseerwerbsschwierigkeiten 115
8		**Verstehen Sie mich? – Beratungstools und Unterstützungsangebote in der Arbeit mit Migrationsfamilien** 117

9   Fazit zu den Praxistools 120

Schlusswort 121

Literatur 122

Sachregister 134

Hinweise zur Verwendung der Icons

    Informationsquellen print und online

    Praxis- oder Arbeitsmaterial

    Fallbeispiel/Beispiel

    Tipp

    Hinweise auf Inhalte der DVD

Inhalte der DVD

Film „Mit Kindern sprechen und lesen"

Einleitung

1. Kapitel: 2–3 Jahre (16:40 min)

2. Kapitel: 3–5 Jahre (17:05 min)

3. Kapitel: 6–8 Jahre (13:50 min)

Lehrsequenzen A-F

Sonstiges: Trailer, Outtakes

Audiodateien

„Was ist Logopädie?" in 16 verschiedenen Sprachen

„Informationen zum kindlichen Spracherwerb in zweisprachigen Familien" in 16 verschiedenen Sprachen

Kopiervorlagen im Ordner „Daten"

Gegenüberstellung Ansätze zur Elternarbeit

Material Informationsabend „Brief an sich selber"

Übersicht interkulturelle Förderprogramme

Kompasse zur Früherkennung: SpracherwerbsKompass, LautspracherwerbsKompass, RedeflussKompass, LesekompetenzKompass

Texte Audioinformationen: „Was ist Logopädie?", „Informationen zum kindlichen Spracherwerb in zweisprachigen Familien"

Transkripte Lehrsequenzen A–F

Transkripte Kapitel 1 bis 3

Technische Hinweise zur DVD

Die Filme können mithilfe eines DVD-Players oder einer gängigen Filmabspiel-Software am PC abgespielt werden. Ggf. können ältere DVD-Player die Filme nicht abspielen.

Die Audioinformationen können am PC oder Mac mithilfe eines Audio-Players bzw. Media-Players abgespielt werden. Sie finden die Audioinformationen im Ordner „/Audio" als MP3 Dateien.

Die Kopiervorlagen im PDF-Format können Sie mit einem PDF-Reader öffnen. Sie finden die Kopiervorlagen im Ordner „/Daten".

Systemvoraussetzungen zum Abspielen der DVD: Um eine ruckelfreie Wiedergabe des Films auf Ihrem Computer zu gewährleisten, sollten Sie über eine aktuelle Grafikkarte und einen Computer mit mindestens 500 MHz Taktfrequenz und einem Arbeitsspeicher von mindestens 500 MB verfügen. Sie benötigen außerdem ein für Ihr jeweiliges Betriebssystem (Windows, Linux, MacOS) passendes DVD-Programm und einen DVD-Decoder (bei Computern mit DVD-Laufwerk evtl. bereits vorinstalliert).

Weitere technische Hinweise finden Sie in der „Lies-mich-Datei" auf der DVD!

Vorwort

Dieses Buch ist ein Buch für die Praxis. An „die Prävention" sind Erwartungen geknüpft, die sich mit dem Begriff „Nachhaltigkeit" fassen lassen: Wir warten nicht, bis Probleme eintreten und wir das noch Mögliche tun können, sondern handeln vorwegnehmend. Ein vorwegnehmendes Bearbeiten von negativen und das beharrliche Stärken von positiven Einflussfaktoren führen zu einer erhöhten Aufmerksamkeit des Einzelnen, der Familie und der Gesellschaft. Insofern ist Prävention indirekt ein „Weg der individuellen und kollektiven Achtsamkeit".

Im ersten Abschnitt sind somit schon prominent der Einzelne, die Familie und die Gesellschaft genannt. Tatsächlich lässt sich ein Buch über Prävention nicht ohne soziologische und politische Bezüge schreiben. Wir kommen also nicht umhin, einen weiten Bogen zu spannen, der über Logopädie hinausgeht und versuchen gleichzeitig, uns auf „praktische Tools" zur Förderung der Sprachlichkeit zu konzentrieren.

Logopädie und Sprachtherapie verstehen wir als Synonyme. Logopädie ist europäisch eher gebräuchlich, im anglo-amerikanischen Raum eher Sprachtherapie. Als Adjektiv ist „logopädisch" griffiger als „sprachtherapeutisch".

Statt einer Danksagung an alle, die beim Zustandekommen des Buches mitgewirkt haben, sei es Zeit gebend, gedanklich, grafisch oder layoutend, möchten wir Goethe zu Wort kommen lassen:

> „Was habe ich getan? Ich habe alles, was ich gesehen, gehört und beobachtet habe, gesammelt und verwertet. Meine Werke haben von tausend verschiedenen Menschen Nahrung bezogen: Unwissende und Weise, geistvolle Männer und Dummköpfe, die Kindheit, das reife Alter, das Greisenalter. Alle kamen und boten mir ihre Gedanken und Fähigkeiten an, ihre Hoffnung, ihre Art zu sein. Ich habe oft geerntet, wo andere gesät haben."

Wir hoffen, dass sich das Kollektivwissen in diesem Sinn mit Besonnenheit und nicht ohne Tempo erweitert.

Zürich, im Januar 2012, Wolfgang G. Braun und Jürgen Steiner

I Grundlegende Gedanken zu Gesundheitsförderung und Prävention

Teil I zielt auf die Begrifflichkeiten Gesundheitsförderung und Prävention im Kontext der Sprachentwicklung ab. Die Begriffe sind nicht nur geläufig, sondern in der Praxis platziert. Sie sind aber bislang nicht so definiert, dass sich eine klare Abgrenzung ergibt, aus der sich Ziele, Aktionen und Zuständigkeiten ableiten ließen. Eine modellhafte Gegenüberstellung von „Gesundheitsförderung – Prävention – Therapie" soll in diesem Buch einen Beitrag zur Klärung leisten.

In Kapitel 1 geht es um ein Modell von „Gesundheit" und „Risiko", das die Konzeption für Gesundheitsförderung respektive Prävention prägt. Kapitel 2 greift die medizinische Sicht als Instanz der Verantwortung und Kooperation auf. In Kapitel 3 geben wir eine Alternative zur üblichen Einteilung in „primäre – sekundäre – tertiäre Prävention" und sprechen Ziele vor dem Hintergrund von Resilienz und Entwicklungsgefährdung an.

Prävention ist Kontextarbeit; Eltern müssen unbedingt einbezogen werden. Wir versuchen ferner eine Idee davon zu geben, wie Erzieherinnen und Logopädinnen transdisziplinär unter Wahrung von Kompetenzgrenzen zusammenarbeiten könnten, damit nicht „alle alles machen". Kapitel 4 leitet zur konkreten Planung über: Zeitpunkte, interprofessionelle Voraussetzungen und Migration werden hier angesprochen.

1 Grundlagen zum Verständnis von Gesundheitsförderung und Prävention in der Logopädie

Übersicht

Im ersten Kapitel geht es um die Bestimmung der Begriffe „Gesundheitsförderung und Prävention" und um die sich daraus ableitende Aufgabenstellung für die Logopädie / Sprachheilpädagogik. Gesundheitsförderung und Prävention haben mehr Gewicht bekommen durch die Grundidee der Salutogenese und durch die Vorgaben der ICF (International Classification of Functioning, Disability and Health, WHO). Seit einigen Jahren ist Prävention auch im Themenkreis „Sprachentwicklung" politisch (Bildung und Gesundheit) ausdrücklich gewünscht, größtenteils liegen aber wohlüberlegte, modellgeleitete, individualisierbare, erprobte Konzeptionen noch nicht vor.

1.1 Der Gesundheitsförderung und Prävention zu Grunde liegende Modelle

Gesundheitsförderung und Prävention sind Teil eines Gesamtkonzeptes „Bildung und Gesundheit". Gesundheit ist ein Konstrukt, das als individuelle Gesundheit Einzelne betrifft, und als volkswirtschaftliche Gesundheit die Sozialgemeinschaft. Für den Einzelnen, im Kontext Familie, hat Gesundheit eine ethische Dimension (Autonomie, Lebensqualität, persönliche Entwicklung). Für die Gesellschaft hat Gesundheit eine ökonomische Dimension (volkswirtschaftliche Leistungskraft, Verbleib im Erwerbsleben, Belastung des Sozialbudgets). Zur Vertiefung des Begriffs Gesundheit nehmen wir Bezug auf das Begriffspaar Salutogenese – Pathogenese und das Konzept ICF. Beide Konstrukte spiegeln aus einer systemischen Sicht ökologische und kontextuelle Aspekte von Gesundheit und Krankheit wider.

Pathogenese und Salutogenese

Salutogenese und Pathogenese sind zwei Seiten der „Medaille Gesundheit". Pathogenese will Risiken erkennen, reduzieren, bearbeiten; Salutogenese will Ressourcen bewusst machen, bestärken, nutzen. Beide Sichtweisen fügen sich als Gelingensbedingungen zusammen. Die pathogenetische

Sicht geht von einer eindeutigen Zuordnung/Trennung „krank" versus „gesund" aus. Der Mensch ist hier eher passiv und sieht sich krank machenden Faktoren ausgeliefert.

Die Sicht der Salutogenese geht von einem Kontinuum aus: Das Etikett „krank" wird bei Überschreitung eines Schwellenwertes vergeben, der aber individuell und seitens der Umwelt möglicherweise unterschiedlich definiert wird. Auf die Definition der Schwelle können wir durchaus Einfluss nehmen; der Mensch ist aktiv handelnd in seinen Möglichkeiten. Die Frage kann dann nicht mehr (nur) sein:

- „Was macht krank?", sondern (auch)
- „Wie bleiben wir (trotzdem) gesund? Welche Systemkomponente kann dabei welches Potential aufgrund welcher Bedingungen aktivieren? Was schützt?"

Individuelle Ressourcen sind u. a. Einstellungen (kognitiv und emotional); Umweltressourcen sind u. a. Umgebungsanpassungen, Unterstützung im sozialen Netz und der Dialog hierüber.

Die Heilpädagogik und die Logopädie bewegen sich traditionell im System Ressourcen bzw. Empowerment. Sie setzen sich für Eigenaktivität und Autonomie ein (Steiner 2010). Von daher wäre eine Medizin, die sich zu einem gewichtigen Teil als Sozialmedizin versteht, eine der pädagogisch-therapeutischen Profession willkommene Denkrichtung (Mathe 2003). Diese Denkrichtung wird mit der Vorgabe einer flächendeckenden Umsetzung der Idee ICF gestützt.

Die Idee der ICF ist eine Orientierung vom Defizit zum Kontext, vom Syndrom zur individuellen Konstellation. Auch Risiko und Resilienz, und damit Inhalte der Beratung, definieren sich über interagierende bio-psycho-soziale Merkmale. Demnach gibt es Risiken und Schutzfaktoren, die

ICF Grundidee

- biologisch-genetisch-körperlicher Natur (körperliche Bedingungen) sind oder
- sich in der Auseinandersetzung mit Umwelt (Aktivität, Partizipation und Kontext) bestimmen lassen (persönliche und soziale Bedingungen).

Bezogen auf die kindliche Entwicklung sind die Begriffe Funktion, Aktivität und Teilhabe hervorzuheben (McLeod/McCormack 2007):

- **Funktion** bezieht sich auf das System Körper, um physiologische und neuropsychologische Entwicklungen zu ermöglichen, damit nächste Entwicklungsschritte vorbereitet sind.

- **Aktivität** ist die Fähigkeit des Kindes zur Auseinandersetzung mit sich selbst, mit anderen und mit der Umwelt über das Medium Handeln, Spiel, Bewegung und Kommunikation.
- **Teilhabe** ist Wahrgenommenwerden, Helfen und Sich-helfen-Lassen sowie das Sicheinlassen auf implizite und explizite Bildungsangebote.

ICF und Prävention

Die gesundheitsfördernde und präventive Arbeit will in folgenden Bereichen Risiken und Schutzfaktoren erkennen und beeinflussen:

- körperliche (strukturelle und physiologische) Voraussetzungen für die Sprachlichkeit (intrapsychische Sprachorganisation, d. h. Informationen aufnehmen, speichern, vergleichen, auswählen, sequenzieren). Sprachentwicklung ist hier Informationsverarbeitungsentwicklung.
- Art und Umsetzung des Sprachhandelns zwischen Individuum und Umfeld (Aktivität und Partizipation mittels Sprache und Gesprächen; d. h. interpsychische Kommunikationskooperationen). Sprachentwicklung ist hier Kommunikationsentwicklung.
- soziale Anforderungen, die das Individuum in die Umwelt trägt oder die die Umwelt an das Individuum richtet (soziale Interaktionen, Begegnungen, Situationen, Einstellungen, Kontakte, Aktion und Spiel). Sprachentwicklung ist hier Handlungsentwicklung.

Ziel gesundheitsfördernder und präventiver Arbeit ist das Gewährleisten oder Unterstützen von Entwicklungsverläufen und Reifeprozessen in einer Umwelt, die Angebote für Spiel und Kommunikation bereit hält, damit sich das Kind als helfende Person oder als Person, die Hilfe erfährt, als spielende oder für Mitspielen angefragte Person sowie als lern- und bildungsinteressierte Person erlebt.

Brisanz des Themas Prävention

Die Art der öffentlichen Diskussion gestaltet sich derzeit so, dass bei einem gleichbleibenden oder eher noch einem sich absenkenden gesellschaftlichen Budget die Investition in Gesundheitsförderung und Prävention nur mit einer Kostenreduzierung im Bereich der Therapie gedacht wird. Bei einer Auftragsverschiebung von der Therapie hin zur Prävention mit den Schwerpunkten von ICF, Salutogenese, Systemsicht und Frühinterventionen können gleichbleibende Kosten nur mit einer Kürzung des therapeutischen Budgets erreicht werden. Brisant wird es, wenn

- einerseits Maßnahmen falsch zugeordnet werden (eine Förderung für alle ersetzt z. B. eine Risikobestimmung mit Beobachtung, Befragung, Beratung und ein gezieltes Angebot für Risikogruppen) und
- andererseits Professionen falsch zugeordnet werden (die Erzieherin/Kindertagesstättenlehrperson mit einem Kurzkurs in Sprachentwicklung ersetzt z. B. die Fachperson für Sprache und Kommunikation).

Will man beide Kardinalfehler vermeiden, muss klar festgelegt werden, was Gesundheitsförderung, was Prävention und was Therapie bedeutet und wer im Prozess kooperativ mitsteuert und wer mit Entscheidungskompetenz leitet.

1.2 Gesundheitsförderung und Prävention: Begriff und Relevanz in der Logopädie

Logopädie macht Angebote für eine gesunde Entwicklung von Sprache und Kommunikation; sie wird tätig bei auftretenden Risiken und Problemen der Sprachlichkeit.

Definition

Logopädie mit dem Fokus Gesundheitsförderung und Prävention
Logopädie befasst sich mit Regelmäßigkeiten, Gefährdungen und Auffälligkeiten des Sprach- und Schriftspracherwerbs. Die Ziele sind Ermöglichung, Verbesserung und Erhalt unter Einbezug des Kontextes. Die Logopädie ist auch zuständig für die Bereiche Stimme und Schlucken.
Die Fähigkeit, Sprache zu verstehen, sich ausdrücken und (sprachlich) handeln zu können, ist eine wichtige Grundlage für die Entwicklung bzw. Aufrechterhaltung der Identität als eine möglichst autonome, alltagskompetente Person und für die Teilhabe in die Gesellschaft. Sie ist die Voraussetzung für kontinuierliches Partizipieren in einer Welt des lebenslangen Lernens und des fortlaufenden Sich-Anpassens.
Sprache und Kommunikation sind intrapersonell eng verknüpft mit Wahrnehmung, Emotionalität, Kognition und Motorik und beziehen sich interpersonell auf ein „Wir" und ein „Du".
Als pädagogisch-therapeutische Maßnahme unterstützt die Logopädie im Rahmen der Gesundheitsförderung und Prävention zeitlich befristet Menschen in ihrer sprachlich-stimmlichen Entwicklung, bearbeitet Risiken und Probleme und sensibilisiert sowie aktiviert Ressourcen und Schutzfaktoren. In einer pädagogischen Atmosphäre strukturiert die Logopädin Sprachlern-, Spracherfahrungs- und Sprachhandlungssituationen. Sie steht dem interprofessionellen Team und Eltern als Beraterin in Fragen zur Sprachentwicklung, Sprachstandserfassung und Sprachförderung bzw. -therapie zur Verfügung.
Logopädische Handlungen sind über Modelle begründet, für alle Beteiligten transparent, seitens der Durchführenden reflektiert; die Wirkung ist in einem ökologisch-kontextuellem Bezug verankert bzw. nachvollziehbar.

Logopädie bearbeitet nach dieser Definition Entwicklungsvoraussetzungen und Entwicklungsprobleme. Damit ist sie auch für Gesundheitsförderung und Prävention zuständig.

Relevanz Laut einer Befragung von Schwappach (2004) stimmen über 80 % der Menschen der Aussage „voll" zu, dass Prävention und Früherkennung im Zentrum des Gesundheitssystems stehen sollten. Dabei sind auch Sprache und Kommunikation mitzudenken. Der hohe Konsens erklärt sich wie folgt:

- Zum einen sind die sozialen Sicherungssysteme, und als Teil derselben das Gesundheitssystem, aufgrund vielfältiger Faktoren (z.B. Globalisierung, demografische Entwicklung, weniger volkswirtschaftliche Produktivität) zu einer umfassenden finanziellen Neuordnung aufgefordert.
- Zum anderen steht die Medizin vor einer Korrektur ihres traditionellen Selbstbildes, welches eine Reduktion von Gesundheit auf körperliche Gesundheit vornimmt. Die Anforderung an die Medizin von heute ist: Jegliche Beobachtung (Diagnose) und jegliche Einflussnahme (Therapie) ist nur als komplexe Interaktion von individuellen (biologischen und psychischen) und sozialen (familiären, sozialen, sozioökonomischen) Wirkfaktoren zu denken.

Beide Stränge (Finanzierung und Neuorientierung in der Medizin) bedingen sich gegenseitig und fordern die Hinwendung zu einem Denken in Systemen, Netzwerken und interagierenden Wirkungen. Dies hat gravierende Auswirkungen; so erscheint es logisch, dass in komplexen Systemen interprofessionelle, kommunizierende Teams und nicht einzelne Professionen in Sonderstellung und Sonderbefugnis handeln. Des Weiteren müssen Stationen für die Beeinflussung von Systemen als „Angebotskatalog" früh initiiert werden. Prävention ist demnach ein Ausdruck dieser umfassenden Neuordnung.

Kooperative Medizin Treffend umschreibt Ptok (2000, 182) aus medizinischer Sicht den Paradigmenwechsel hin zur Ökologie und Interprofessionalität mit der Kapitelüberschrift **Zukünftige Aufgaben der Medizin:**

> „Es muss eine Verlagerung der Wissensproduktion von dem somatologisch-naturwissenschaftlichen Krankheitsverständnis hin zu einem soziopsychosomatischen Verständnis und eine Verlagerung der Wissensanwendung von der individuumszentrierten kurativen zu einer ökologisch und präventiv orientierten Medizin stattfinden. Hier ist eine Kooperation mit nichtmedizinischen Fächern, die sich ebenfalls mit humanen Kommunikationsstörungen beschäftigen, zwingend erforderlich."

Typische Muster von „Karrieren", wie die

Ungünstige „Laufbahnen"

- vom „Late Talker" zum sprachbeeinträchtigten Kind,
- zum lese-rechtschreib-schwachen Schüler mit mehr oder weniger großem Misserfolg in der Schule mit mehr oder weniger intensiven Therapien,
- zum Jugendlichen, der sich schweigsam gibt und längere Lesetexte meidet bis
- zum Erwachsenen, der deutlich unter seinen Möglichkeiten bleibt,

sind bekannt und sollten früher als bisher in Richtung eines positiven alternativen Weges unterbrochen werden. Gesundheitsförderung und Prävention können stärkend auf die Ressourcen einer Gesellschaft einwirken.

Sprache und Kommunikation sind wichtige Eckpfeiler für Bildung, Laufbahn, Aktivität und Partizipation. Kommunikation und Kognition sind sich zuarbeitende Partner. Die Logopädie / Sprachtherapie ist daher gefragt.

Die Bedeutung der logopädischen Präventionsarbeit zeigt sich u. a. darin, dass Prävention in der Beschreibung des Berufsbildes, z. B. durch den Berufsverband DBL (Deutscher Bundesverband Logopädie), zuerst genannt wird. Hier heißt es in den Berufsleitlinien zu den Aufgaben der Logopädie, dass „… Prävention … von Patienten aller Altersgruppen mit Sprach-, Sprech-, Stimm- und Schluckstörungen" einer von vier Kernbereichen (neben Diagnostik, Therapie und Beratung) darstellt. Es ist das „… Ziel, die kommunikativen Fähigkeiten zu verbessern oder wiederherzustellen und eine möglichst normale Entwicklung zu gewährleisten" (DBL 1998, 2).

Auch im europäischen Zusammenschluss der Berufsverbände (*http://www.cplol.eu/eng/guidelines.html*) wird betont, dass die primäre und sekundäre Prävention zum Kerngebiet der logopädischen Aufgaben gehört.

Interessant ist das ethische Statement von CPLOL (europäischer Dachverband der Logopäden), welches betont, dass

- präventive Maßnahmen als Komplemente zur Therapie und nicht als Ersatz zu denken sind,
- die Privatsphäre respektiert werden muss (z. B. bei der Auswahl von „Risiko-Kindern"),
- der Maßstab für „wirksam" die spürbare / befragbare Verbesserung der Lebensqualität der Familie ist und
- Ressourcen und entsprechende Rahmenbedingungen bereit stehen müssen.

Sozialmedizin im Internet

Der Anspruch ist seitens der Berufsverbände klar deklariert. Dies sind jedoch berufsständische Interessen. Wird ein Präventionsauftrag an die Logopädie auch von der Sozialmedizin gesehen?

- Beispielsweise veranstaltet die „Deutsche Gesellschaft für Sozialmedizin und Prävention" Tagungen *(www.med.uni-magdeburg.de/fme/institute/ismhe/dgsmp/gesellschaft/Geschichte/die_gesellschaft.htm)*. Sie sieht sich als Beratungsinstanz für Entscheidungsträger in der Gesundheitspolitik, in der Sozialversicherung oder für sonstige Kostenträger. Prävention wird als „innovative Versorgung" verstanden. Ihr Ziel ist u. a. die Verankerung präventiver Inhalte in Aus-, Weiter- und Fortbildung der Gesundheitsberufe. Sprachentwicklung ist kein Bearbeitungsthema.
- Die ärztliche Ausbildung im Themenkreis Prävention wird von der „Deutschen Gesellschaft für Interdisziplinäre Präventivmedizin" in Bonn geleistet (*www.dgpm.eu*); präventive Medizin versteht sich hier als interdisziplinärer Auftrag. Sprachentwicklung ist kein Bearbeitungsthema.
- Das „Wissenschaftliche Institut für Prävention im Gesundheitswesen" (*www.sanawork.de*) befasst sich unter anderem mit Marketing und will das Bewusstsein der Bevölkerung für Gesundheitsvorsorge stärken. Sprachentwicklung ist kein Bearbeitungsthema.
- In den Bereichen Gesundheitsmonitoring (Epidemiologie und Statistik), Gesundheitsüberwachung, Prävention und Gesundheitsförderung hat das Institut für Sozial- und Präventivmedizin in Zürich (*www.ispm.uzh.ch*) einen Leistungsauftrag vom Regierungsrat des Kantons Zürich. Subjektive Ansätze von Gesundsein und klinisches, evidenzbasiertes Wissen sollen zusammengebracht werden. Es gibt auch einen Arbeitsschwerpunkt im Bereich Bewegung und Gesundheit. Im Bereich Forschung werden nicht nur Ergebnisse angestrebt, sondern auch deren konkrete Umsetzung begleitet. Sprachentwicklung ist kein Bearbeitungsthema.
- Das Institut für Sozialmedizin in Wien (*www.meduniwien.ac.at/sozialmedizin/*) ist ein Forum für Gesundheitspolitik und will die Interaktion von sozialen Bedingungen für Gesundheit und Krankheit aufzeigen. Neben Information geht es auch um Aktion in Form von Public Health Programmen. Sprachentwicklung ist kein Bearbeitungsthema.

Die Bundeszentrale für gesundheitliche Aufklärung (BZgA) nimmt in Kooperation mit einem Verbund von deutschen Hochschulen wichtige Aufgaben im Rahmen der Information wahr. Als „Kooperation für nachhaltige Präventionsforschung" (KNP) steht eine Internetplattform unter *www.knp-forschung.de* bereit.

Schaltstellen in der Sozialmedizin

Hier sind vielfältige Ergebnisse der Präventionsforschung, auch unter dem Aspekt Wirksamkeit und Qualität, abzurufen. Zusätzlich werden Projektmaterialien, weiterführende Literatur und Links sowie umfangreiche Hintergrundinformationen zu den einzelnen Studien dargestellt. Die Webseite versucht, Praxis, Forschung, Kostenträger und Politik zusammen zu bringen.

Sprachentwicklung scheint nach Durchsicht der beispielhaft genannten Webseiten im Bereich Bildung ein wichtiges, im Bereich Gesundheit aber eher kein zentrales Thema zu sein. Medizin und Kostenträger konzentrieren sich hier eher auf den kardio-vaskulär-zerebral-zellulären Komplex (z. B. Herzinfarkt, Schlaganfall, Lungenerkrankungen, Krebs) sowie auf Rückenleiden, Ernährung, Bewegung und Depression (Franzkowiak 2006, 52 f).

Wenn von Prävention mit dem Fokus Spracherwerbsstörungen die Rede ist, sollten die Begriffe Sprache, Spracherwerb und Spracherwerbsstörungen kurz erläutert werden.

Prävention und Sprachbegriff

Das Wort „Sprache" ist stark geprägt durch den Alltagsgebrauch des Wortes. Mit „Sprache" ist tendenziell eher Lautsprache (und weniger Schriftsprache oder nonverbaler Ausdruck) sowie eher Sprachstruktur (und weniger Kommunikation) gemeint. Sprachlichkeit ist über strukturelle Bausteine, deren Ähnlichkeit und Differenz hinaus, ein Akt des Abgleichens von Intentionen und des Bestärkens und Gestaltens einer grundsätzlichen Kooperation zwischen Menschen.

„Spracherwerb" ist der Prozess des Integrierens von Weltwissen und gemeinsamen Intentionen zu geordneten Eindrücken, zu Ausdrucks- und Austauschmöglichkeiten. Dabei scheint es bestimmbare Meilensteine der Sprachentwicklung zu geben. Ein entscheidender Meilenstein ist möglicherweise der Zeitpunkt des

rechte und linke Hirnhälfte

- Umschaltens von einem eher ganzheitlich-rechtshemisphärischen Perzipierens, Imitierens und Produzierens von Melodie (Stimme der Bezugsperson) plus Mimik (Gesicht) plus Situation plus Klangeinheit (konstant wiederkehrende Äußerungen)
- auf eine eher analytisch-linkshemisphärische Musterbildung (Identifizieren von bedeutungsunterscheidenden und bedeutungstragenden Sprachbausteinen und deren Verknüpfung mit dem verpflichtenden Markieren von Beziehungen (Logik der Wortformen und Wortfolgen).

Sprache ist mehr als Phonem-Morphem-Lexem-Konstituente (Woithon 2009, Möller/Ritterfeld 2010). Je jünger das Kind ist – und bei der Prävention von Spracherwerbsstörungen geht es zunächst einmal um Vorschulkinder – desto mehr spielen der Gesamtkontext und die Gesamtentwicklung eine Rolle. Kindern (und deren Gesprächspartnern) geht es ja nicht um Worte und nicht um Sätze, sondern um Verständigung und um

Sprache im Kontext

Handeln. Die Grundlage einer gelingenden Verständigung sind dabei die gemeinsame Aufmerksamkeit und der Auf- und Ausbau einer geteilten Erfahrung. Die Sprache ist ein Medium, mit dem sich der Mensch als kooperativ ausgerichtetes Wesen ausdrücken kann. Wesentliche Kommunikationsmotive sind:

- Aktionen (auch Aktionen im Spiel) zwischen mir und anderen Menschen zu koordinieren, um dabei
- gemeinsame Hintergründe, Kontexte und zugeordnete Begrifflichkeiten zu erarbeiten und abzugleichen sowie
- hilfreich zu sein im Wissen, dass wir Hilfe auch von unserem Gegenüber erwarten dürfen (Tomasello 2009, 12 f).

Pragmatik und Anthropologie

Tomasello (2009, 94 f) konzentriert sich auf die Grundlegung der Sprachlichkeit, die nicht im Erlernen von Worten liegt, sondern im Erlernen und Entwickeln eines kooperativen Verhaltens. Sprache beruht auf Kooperation, die intraindividuell auf eine psychologische Infrastruktur zurückgreift, damit interindividuell ein intentionaler Überschneidungsbereich entsteht. Letztlich lässt sich kooperative Kommunikation auf drei Grundmotive zurückführen, nämlich

- Auffordern, um Hilfe oder Information bitten,
- Teilen von Emotionen und Einstellungen,
- Informieren, um Hilfe oder Informationen anzubieten, die für das Gegenüber relevant sind.

Entwicklungspsychologisch sind Aufforderungen erste kommunikative Handlungen, die ohne den Raum einer „geteilten Intentionalität" auskommen; Informieren und Teilen setzt kooperative Fähigkeiten voraus, die frühestens ab dem neunten Monat zu erwarten sind.

Frühe pragmatische Störungen

Sich sprachlich situations- und kontextadäquat zu verhalten heißt, Intentionen für das Gegenüber interpretierbar zu machen. Tomasellos Dreiteilung (Auffordern – Informieren – Teilen) gibt eine Idee von Störmöglichkeiten in der kindlichen Entwicklung: Ich muss zunächst lernen, jemanden aufzufordern („haben", „dasda" usw.), dies kann ich vor allem mit Gesten, Blick und stimmlichen Äußerungen realisieren. Erst wenn das gelingt (im ersten Lebensjahr), kann ich den wesentlichen Sprung machen zur Information und Mitteilung („guckmal", „dapapa"). Dem „Teilen" geht das Erlernen des turn-taking voraus; es ist die Voraussetzung für das Erzählenkönnen. Der Schritt vom Auffordern zum Informieren ist nicht einfach eine Erweiterung des schon Gelernten, sondern eine neue Qualität.

Nun könnte es sein, dass Kinder mit Sprachlernproblemen genau diesen Schritt nicht so schnell gehen oder nur bedingt „kooperative Angebote" nutzen können und damit der weitere Entwicklungsfahrplan in Verzug und Unordnung gerät. Diese Interpretation besteht jenseits von Wörterlernen („kritische Masse" des aktiven Wortschatzes, beispielhaft hierfür Siegmüller et al. 2010) und jenseits der Idee der Musterbildung; es geht um geteilte Intentionen. Erst mit dieser können Fragen gestellt werden („… isdasmama?").

Unser Sprachförderfilm „Mit Kindern sprechen und lesen. Sprache kitzeln" im Rahmen des Konzeptes ZIEL Sprachförderverhalten (Kap. 5.2 und DVD) konzentriert sich auf die pragmatische Seite der Sprache: Eltern erleben am Modell und dem jeweiligen Alter angepasst, wie wenige pragmatische Strategien das Anschauen eines Bilderbuches und auch ein Gespräch allgemein vertiefen können im Sinne von einem Mehr an Rhythmus, Klima und Information.

Förderfilm

1.3 Präventionsauftrag für die Logopädie

Der Präventionsauftrag wird klarer, wenn wir uns die verwandten Begriffe Gesundheitsförderung/Prävention, Resilienz, Risiko und Prävalenz anschauen.

Begriffsverwandtschaften

Definition

Gesundheitsförderung im Kontext der Sprachentwicklung zielt auf ein allgemeines Angebot; Sprache wird hier als Teil eines Fahrplanes der Gesamtentwicklung gesehen. Es gibt keine aktuellen Risikokriterien, die zur Legitimierung dieser Maßnahme notwendig wären. Da Angebote das gesamte Entwicklungsnetzwerk betreffen, sind gezielte lineare Effekte schwerlich nachzuweisen. Ein Wissen über Sprachentwicklung, Kommunikation und Stationen der Gesamtentwicklung ist erforderlich.

- **Abgrenzung:** *Prävention* ist von *Gesundheitsförderung* einerseits und von *Therapie* andererseits abzugrenzen. Gesundheitsförderung bietet ein allgemeines Programm für alle an, Therapie ist ein strukturiertes und an Lernschritten angelehntes, planvolles, kindzentriertes Angebot, dem eine logopädische Diagnose vorausgeht. Prävention macht sehr unterschiedliche Angebote mit dem gleichzeitigen Fokus auf das Kind (Gruppensetting), auf Eltern (Elternberatung, Elterntraining) und auf das interprofessionelle Team (kooperative *Beratung*).

- **Eingrenzung:** Prävention im Engeren hat demnach für den Einzelfall mit dem Erkennen/Erfragen eines Risikos zu tun (*Früherfassung*); dies erfolgt auf der Grundlage des Wissens um Risikogruppen bzw. Risikofaktoren und dem Wissen um geeignete Beobachtungszeitpunkte.
- **Kooperation:** Das Wissen um Schutzfaktoren der gelingenden Entwicklung (*Resilienz*) ist die Grundlage für die Logopädin, mit pädagogischen Fachpersonen für Eltern und Kinder Maßnahmen kooperativ zu planen und durchzuführen.
- **Legitimation:** Probleme in der Aneignung der Sprachlichkeit sind, unabhängig von Nationen oder Regionen in einer bestimmten Größenordnung erwartbar. Prävalenz sagt etwas zur erwarteten Häufigkeit einer Ausprägung (von Risiko, Gefährdungen oder erkannten Störungen) pro Jahrgang aus und schafft die Grundlage für eine realistische Finanzierungsplanung von Prävention.

Wortherkunft

Der Begriff Prävention ist vom lateinischen „praevenire" abgeleitet und bedeutet zunächst einmal „zuvorkommen, verhüten". Prävention wird erstmalig im 18. Jahrhundert im Zusammenhang mit „Präventionskrieg" gebraucht; die Konnotation des Strategischen ist bis heute geblieben, nämlich überwiegend als Strategie der Risikoabwehr. Im Gesundheitsbereich ist gemeint, dass man

A) erwünschte Entwicklungen wahrscheinlicher macht,
B) unerwünschte Ereignisse oder Entwicklungen, die noch nicht eingetreten sind, zu vermeiden sucht und
C) prinzipiell ungünstige Verläufe, die bereits begonnen haben, zu verändern oder zu entschleunigen versucht oder zusätzliche Fehlentwicklungen abwendet.

Unerwünschte Ereignisse, Entwicklungen und Verläufe sind Gefährdungen, Beeinträchtigungen, Störungen, Folgestörungen mit Fehlkompensationen und mit der daraus erwachsenden Benachteiligung.

Begriffsdifferenzierung

In der Regel wird die Unterscheidung von A – B – C als primäre, sekundäre und tertiäre Prävention bezeichnet. Diese Termini werden auch seitens der Medizin für die Sprachheilpädagogik empfohlen (stellvertretend Suchodoletz 2009a). Andere Bezeichnungen wie universale, selektive und indizierte Prävention (Spezifitätsmodell) schließen sich hier direkt an; mit ihrer Hilfe lässt sich die Zielgruppe bestimmen: Gesamtbevölkerung (Bevölkerungsstrategie), Risikogruppe (Risikogruppenstrategie), Devianzgruppe (Hochrisikogruppenstrategie).

Eine fünfstufige Interventionshierarchie wird von Hurrelmann/Settertobulte 2004 vorgeschlagen (Abb. 1). Die fünfstufige Hierarchie lässt sich letztlich aber auch der A-B-C-Einteilung zuordnen:

- Gesundheitsförderung will erwünschte Entwicklungen für möglichst viele wahrscheinlicher machen,
- Prävention reagiert auf ein erkanntes Risiko oder eine sich anbahnende Entwicklungsgefährdung,
- Kuration, Therapie und Rehabilitation wollen prinzipiell bereits eingesetzte ungünstige Verläufe entschleunigen oder zusätzliche Fehlentwicklungen abwenden.

Dabei werden die beiden erstgenannten als Chance für eine normale, gesunde Entwicklung gesehen, während Rehabilitation mit einem unterschiedlichen Grad an Restproblemen oder Kompensation zurechtkommen muss.

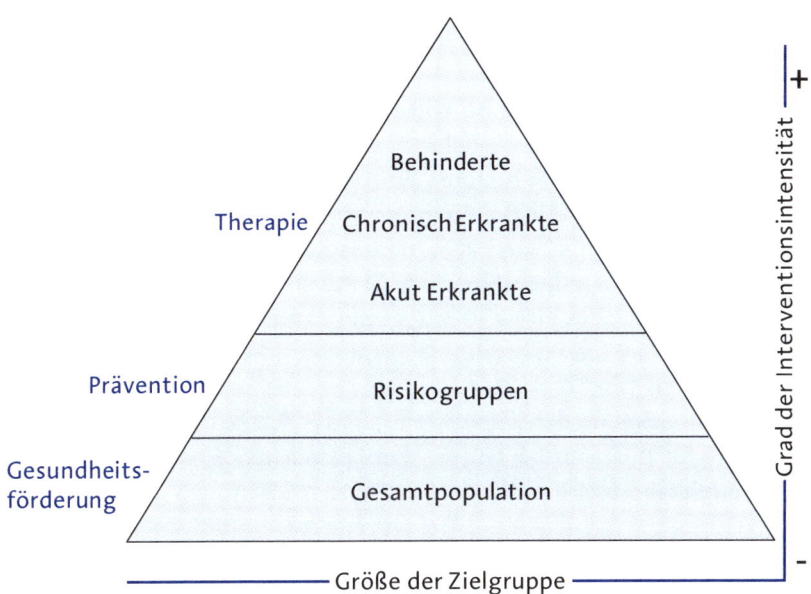

Abb. 1: Zielgruppen und Interventionsintensität von Gesundheitsförderung und Prävention

Trotz mangelnder Unschärfe halten eine Reihe von Autoren und auch politische Vorgaben an einer Unterteilung in primäre, sekundäre und tertiäre Prävention fest. Definiert wird gängigerweise wie folgt (Franzkowiak 2006, 34 f):

präventives „Kerngeschäft"

- Primäre Prävention ist die Beeinflussung der Wahrscheinlichkeit einer Fehlentwicklung, für die es individuumsbezogen (noch) keine erkennbaren Merkmale gibt,

- sekundäre Prävention bezieht sich auf die Beeinflussung möglichst früh erkannter Merkmale einer Fehlentwicklung, die aber noch nicht eingetreten ist und
- tertiäre Prävention ist die Beeinflussung einer eingetretenen Fehlentwicklung in der Weise, dass eine Verschlimmerung vermieden werden kann.

Zwei-Plus-Eins

Es gibt aber Argumente dafür, die klassische Unterteilung nicht zu verwenden. Die Begriffe sind unscharf, da die Formen der Einflussnahme ineinander übergehen. Hafen (2007, 83) bringt es auf den Punkt, indem er feststellt, dass eine präventive Arbeit immer auch Aspekte der Behandlung und Behandlung immer auch Aspekte der Prävention umfasst und von daher die Festlegung letztlich eine normative Setzung sei. Primär – sekundär – tertiär und universal – selektiv – indiziert repräsentieren zudem mehr die pathogenetische, zuschreibende, selektierende Sichtweise.

Möglicherweise ist eine Einteilung „Zwei-Plus-Eins" sinnvoller: Entweder es gibt identifizierbare Faktoren für ein Risiko (Prävention) oder es gibt diese nicht, und man will allgemein unterstützen (Gesundheitsförderung). Alle Probleme, die die Schwelle eines Diagnostizierens überschritten haben, sind weder gesundheitsfördernde Maßnahmen noch Prävention, sondern Therapie. Gesundheitsförderung und Prävention stehen sich in der Dreiteilung näher („Zwei"), beim Übergang zur Therapie erfolgt eine neue Qualität („Plus-Eins").

Die Konzentration der „Prävention" auf das Bearbeiten eines noch nicht eingetretenen Problems bei einem wahrscheinlichen Risiko wird von Laaser / Hurrelmann (1998, 395) wie folgt unterstrichen:

> „Prävention bezeichnet alle Interventionshandlungen, die sich auf Risikogruppen mit klar erwartbaren, erkennbaren oder bereits im Ansatz eingetretenen Anzeichen von Störungen und Krankheiten richten."

Eine klare Trennung ermöglicht die Zuordnung unterschiedlicher Zuständigkeiten (unterschiedliche Institutionalisierung) und unterschiedlicher Finanzierungen (Kostenentscheide).

In Anlehnung an die oben genannte Dreiteilung (A – B – C) verwerfen wir sowohl die Klassifikation primär – sekundär – tertiär als auch universell – selektiv – indiziert. Stattdessen sprechen wir von Gesundheitsförderung – Prävention – Therapie.

> **Definition**
>
> Die Schärfung des Begriffs „**Prävention**" ergibt sich aus der Abgrenzung zu korrespondierenden Begriffen:
>
> A Präventionsarbeit grenzt sich ab zur Gesundheitsförderung: Erwünschte Entwicklungen sollen mit begründeten Maßnahmen wahrscheinlicher gemacht werden.
> B Prävention im engeren Sinne meint: Unerwünschte Ereignisse oder sich anbahnende Fehlentwicklungen (aufgrund von erfassbaren Beobachtungen und/oder erfragten Risiken) sollen mit begründeten Maßnahmen positiv beeinflusst oder vermieden werden.
> C In Abgrenzung zur Prävention ist das Verständnis von Kuration/Therapie/Rehabilitation: Bereits eingetretene ungünstige Verläufe sollen mit begründeten Maßnahmen positiv beeinflusst und/oder entschleunigt werden bzw. zusätzliche Fehlentwicklungen sollen abwendet werden.
>
> Der Begriff Prävention wird in der Logopädie damit so verstanden, dass die Hauptkonzentration auf jene Zielgruppen erfolgt, die sich durch ein erkanntes Risiko oder eine sich anbahnende Gefährdung auszeichnet.

- Gesundheitsförderung wirkt damit auf Zukünftiges eher im Setting Beratung hin und selektiert nicht (Sprachbildung für alle),
- Prävention erfolgt aufgrund eines erkannten Risikos, wobei eine Störung noch nicht aufgetreten ist; sie arbeitet mit risikodefinierten Zielgruppen (z.B. „Late talker") und erweitert das Setting der Beratung um gezielte Angebote (Sprachförderung für begründet zusammengestellte Zielgruppen) und
- Therapie erfolgt nach einem eingetretenen Problem, das individuell bearbeitet wird nach Erhebung des Werdegangs aus der Vergangenheit (Anamnese als Blick zurück) und dem IST-Stand im Jetzt (als Diagnostik); das bevorzugte Setting ist die Einzel- und Gruppentherapie unter beratendem Einbezug der Eltern und der pädagogischen Fachkräfte (Sprachtherapie für diagnostizierte Einzelfälle).

Ziel der Gesundheitsförderung und Prävention

Wenn bei einem Risiko in der kindlichen Entwicklung interveniert wird – zunächst einmal durch Beobachtung und Beratung – ist das Ziel, eine mögliche Benachteiligung der Bildungslaufbahn abzuwenden. Letztlich agieren Gesundheitsförderung und Prävention vor der Einschulung im Auftrag der Chancengleichheit, die gesellschaftlich verankert ist. Chancengleichheit ist ein gesellschaftlicher Konsens in einer demokratischen Gesellschaft und bezieht sich auf die gerechte Verteilung von Zugangs-, Bildungs- und Entwicklungschancen. Ziel ist der „soziale Frieden" (als ethischer Hintergrund) und die Nutzung des „volkswirtschaftlichen Potentials

Mensch" (als finanzieller Hintergrund). Darin eingeschlossen ist ein aktives Gegensteuern gegen Benachteiligungen, ausdrücklich auch gegen jene Benachteiligungen, die sich aus bestimmten sozialen Merkmalen ergeben. Angewendet auf logopädische Gesundheitsförderung und Prävention heißt dies, dass Prävention Sprachentwicklungschancen sicherstellt und sozialen Benachteiligungen entgegenwirkt. Von daher ist Migration auch ein direktes Aufgabengebiet der gesundheitsförderlich-präventiv tätigen Logopäden und Logopädinnen. Die Logopädie ist Teil des Projektes „gleiche Chancen für alle".

Gesundheit beeinflussen

Sich (gut) entwickeln heißt grundsätzlich (erfolgreich) kompensieren; wir müssen negative Einflüsse, Ereignisse, Verläufe ebenso wie positive Einflüsse, Ereignisse, Verläufe „verbuchen". Die Intensität und die Art des „Verbuchens" hängen von inneren Einstellungen ab bzw. wird von diesen wesentlich beeinflusst. Das Konzept der „Integrativen Therapie" (Petzold 2003) sieht sechs ineinander wirkende Teilbereiche für die Beeinflussung von Gesundheit (Abb. 2). Diese sind auch Bestandteile einer Beratung.

„sprachgesund"

Eine kommunikativ gesunde Entwicklung ist gegeben, wenn eine Person alle physischen, psychischen und sozialen Möglichkeiten zur Bewältigung von selbst gesetzten oder von der Umwelt herangetragenen Anforderungen umsetzen kann, unabhängig vom tatsächlichen Erfolg. Das Merkmal „gesund" ist damit eine Konstruktion bzw. eine Positionierung vom Selbst und von Außen, die abhängig ist davon, was man unter Möglichkeiten und unter Anforderungen versteht. Gesundheitsförderung und Prävention sind

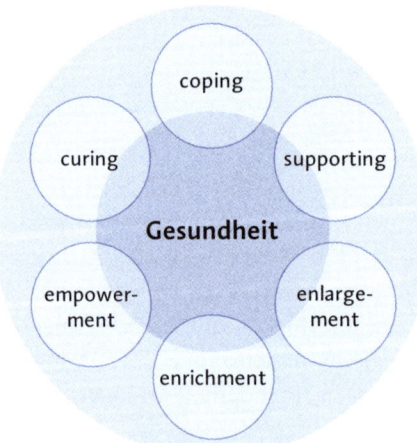

Bewältigungsstrategien (coping)
Unterstützungen (supporting)
Perspektivenentwicklung (enlargement)
Anreicherung von
Lebensqualität (enrichment)
Handlungssicherheit (empowerment)
Heilungskräfte (curing)

Abb. 2: Facetten der Gesundheitsförderung und Prävention

dann Versuche der Einflussnahme auf eben beides: Möglichkeiten und Anforderungen.

Eine gesundheitsförderlich-präventive Intervention im Fokus Sprachlichkeit (Kommunikation, Lesen und Schreiben) setzt folgendes Wissen voraus:

Auftrag zur Zielerreichung

- **Wissen um Risiko:** Die Logopädie leitet aus den Bezugswissenschaften Medizin und Entwicklungspsychologie Risikofaktoren für bestimmte Sprachentwicklungszeitpunkte ab. In der Praxis wird das generelle Wissen auf Einzelfälle und Gruppen bezogen. Wenn wir wissen, dass bestimmte Risikokonstellationen mit einer bestimmten Wahrscheinlichkeit zu bestimmten negativen/entwicklungshemmenden Ausprägungen führen, gilt es, diese in sinnvoll abgesteckten Beobachtungsstationen besonders anzuschauen, auf die Zeit hin zu kontrollieren und gegebenenfalls mit Maßnahmen gegenzusteuern.
- **Wissen um Prävalenz:** Die Prävalenzzahlen, also Zahlen, die eine Gruppe mit Gefährdungsmerkmalen für einen Jahrgang bestimmen, sagen uns, wie groß die Gruppe ist, die im Hinblick auf Risiko, Gefährdungen, Beeinträchtigungen, möglichen Benachteiligungen und entsprechende Interventionen angesehen werden muss. Die Logopädie vor Ort betreibt insofern Öffentlichkeitsarbeit, dass die Zahlen gesicherte Wahrscheinlichkeiten sind und nicht ein Wunschprogramm im Sinne der Selbstzuweisung.
- **Wissen um Resilienz:** Nicht jedes Risiko führt zu einem Problem, das interventionsbedürftig ist; viele Kinder entwickeln sich normal trotz Risiken. Wenn wir Schutzfaktoren, also Gelingensbedingungen (trotz Widrigkeiten) kennen, wissen wir auch um die Inhalte einer Beratung oder bestärkenden Begleitung. Präventive Praxisarbeit bedeutet, dass wir versuchen, Kontextkonstellationen zu fördern, in denen Schutzfaktoren ihre Wirksamkeit entfalten. Da es sich um körperliche, persönliche und soziale Schutzfaktoren der Gesamtentwicklung handelt, ist interdisziplinärer Austausch gefordert und sollte strukturell unterstützt werden.

Zwischen den beiden erstgenannten und dem letztgenannten Wissensschritt klafft ein Graben: Wir kennen in etwa die Risiken der Entwicklung und haben auch die Zahlen zur Prävalenz gesichert, über die komplexe Interaktion von Risiko- und Schutzfaktoren im Fokus Sprachlichkeit wissen wir relativ wenig.

Das Wissen um Faktoren der Resilienz ist wichtig für die Gesundheitsförderung: Wenn man die Faktoren der psychischen Widerstandskraft gegenüber Entwicklungsrisiken kennt, kann man diese gezielt stützen. Im Kontext der Resilienz fragt die Logopädie: „Was sind die Prozesse der Bearbeitung/Kompensation/Anpassungen für eher ungünstige biologisch-psychosoziale Entwicklungsvoraussetzungen des Kindes?"

Gesundheitsförderung und Resilienz

Definition

Der Begriff **Resilienz** leitet sich aus dem Lateinischen „resilere" ab und bedeutet „abprallen". Im Englischen wird unter „resilience" Spannkraft, Elastizität sowie Strapazierfähigkeit verstanden. Resilienz meint die psychische Widerstandsfähigkeit gegenüber biologischen, psychologischen und psychosozialen Entwicklungsrisiken. Es ist die besondere Fähigkeit, auf die Anforderungen wechselnder Situationen flexibel zu reagieren und erfolgreich mit belastenden Umständen, z. B. Notsituationen, traumatische Erfahrungen, Misserfolge, schwierige familiäre Verhältnisse u. ä. umzugehen (Braun et al. 2010).

Kindertagesstätte und Resilienz

In Bezug auf Resilienz hat die Kindertagesstätte eine besondere Verantwortung. Es gilt:

- Kontexte zu schaffen, die schützen und als individuell kraftspendende Quellen wahrgenommen und bearbeitet werden können und
- Kontexten entgegen zu wirken, die schwächen und als individuell stressende Anforderungen wahrgenommen und bearbeitet werden, um einen Einfluss auf den Grad einer gesunden Balance (Homöostase) zu nehmen (Antonovsky 1979).

Der Raum für Schutz, Wahrnehmung und Kraft, den die Kindertagesstätte bietet, hat im besten Fall über das Kind hinaus eine Wirkung in die Familie. Für das einzelne Kind heißt das:

Resilienz bei Kindern

Ich sehe äußere Einflüsse als erklärlich (statt als willkürlich) an, bin mir sicher, dass ich auf Ressourcen zurückgreifen kann (statt ausgeliefert zu sein) und verbuche den Aufwand als lohnend (statt als belastend). Resiliente Kinder haben erfahren, dass sie über ihr eigenes Schicksal bestimmen können und dass sie sich in Beziehungen sicher sein können. Die Kindertagesstätte kann erlebbar machen, dass Beziehungen verlässlich sind (Abb. 3).

Inzwischen liegen bereits Resilienzförderprogramme vor (z. B. PRIK, Prävention und Resilienzförderung in Kindertageseinrichtungen, Fröhlich-Gildhoff et al. 2012).

Die Ausgangslage für Kinder ist beim Zusammenspiel von Risiko und Resilienz unterschiedlich:

- Einige Kinder sehen sich vielen interagierenden, andere mit begrenzten Risiken konfrontiert.

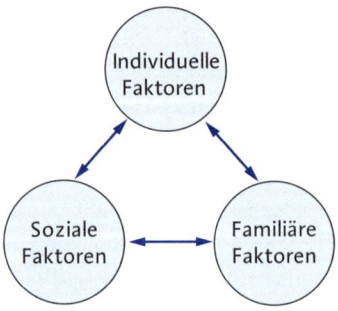

Abb. 3: Schutzfaktoren der Entwicklung

- Einige Kinder starten mit einem (hohen) Risiko ins Leben, bei anderen Kindern zeigen sich Risiken im Entwicklungsverlauf.
- Einige Kinder erleben ein akutes heftiges Stressereignis oder Trauma, andere einen „Risiko-Grundtonus".
- Für alle Kinder ist gleich, dass das Betreten neuer Lebensabschnitte (Start in eine Fremdbetreuung, in die Krippe, in die Kindertagesstätte, in die Schule) eine grundsätzliche Entwicklungsaufgabe darstellt.

Grundsätzlich stehen Schutzfaktoren in gegenseitiger Wechselwirkung und „können intrinsisch, also in der Grundeinstellung einer Person liegen oder durch ihre soziale Welt begründet sein" (Katz-Bernstein / Subellok 2006, 165).

Ergebnisse der Resilienzforschung

Schutzfaktoren für eine positive und unbeschadete Entwicklung liegen nach den Forschungsergebnissen von Werner und Smith sowohl in den Kindern und Jugendlichen selbst, in ihrer Umwelt, aber auch in ihren Familien begründet. Dabei erwiesen sich folgende Schutzfaktoren als besonders wichtig (Werner 1993): stabile emotionale Beziehungen zu Vertrauenspersonen außerhalb der zerrütteten Familie, frühe Übernahme von Leistungsanforderungen und Verantwortung, „ruhiges" Temperament, offener Zugang auf andere Personen, eingesetzte Talente und Fähigkeiten.

Eltern und ältere Geschwister können viel dazu beitragen, dass ein Kind Resilienz entwickelt. Amerikanische Studien mit Flüchtlingsfamilien (Caplan / Choy 1994) zeigen, dass sich jene Kinder als resilient erwiesen (trotz Armut und geringer Bildung der Eltern), in deren Familien Bildung einen hohen Stellenwert hatte und nicht nur als Mittel zum Zweck diente. Einen besonders positiven Einfluss stellte das regelmäßige Vorlesen der Eltern dar. In 45 % der Flüchtlingsfamilien war dies der Fall – unabhängig davon, ob in der Muttersprache oder in der Umgebungssprache Englisch vorgelesen wurde. Laut Caplan / Choy ist die Stärkung der emotionalen Bindung der entscheidende Faktor beim Vorlesen.

Intrafamiliäre Einflüsse

Der Perspektivenwechsel von einem defizitären hin zu einem kompetenz- bzw. ressourcenorientierten Ansatz ist auch für die logopädische Arbeit von zentraler Bedeutung: Resiliente Kinder erleben sich als kompetent und aktiv in Sprachhandlungssituationen. Sprache wird als ein wichtiges und zentrales Problemlösungs- und Beziehungsgestaltungsinstrument angesehen und eingesetzt. Sprache ist ein wesentliches Terrain für Handlungs- und Interaktionserfahrungen. Selbstwert, Selbstwirksamkeit und Beziehungssicherheit hängen von kommunikativen Kompetenzen ab; insofern ist in der Logopädie mit jungen Kindern nicht nur Sprache als Struktur, sondern Kommunikation in der Beziehung wichtig. Das Kind

Resilienz in der Logopädie

erlebt sich im Rahmen einer sicheren Bindung als wirkungsvoll; es entsteht ein „vorausahnendes Erinnern" (Kuntz 2009, 168) erfolgreicher Handlungen als ein zentraler Auslöser zur Selbstwirksamkeit. Eine Kommunikation, die durch Zuhören, ungeteilte Aufmerksamkeit, echtes Interesse, Bestärken des Gesagten, Bezugnahme auf Emotionen und einem guten Rhythmus gekennzeichnet ist, trägt wesentlich zur kommunikativen Sicherheit bei. Die Logopädie berät pädagogische Fachkräfte und Eltern mit dem Ziel einer Sensibilisierung des Interaktionsverhaltens und Bestärkung von intuitiv förderlichem Kommunikationsverhalten. Die Kehrseite zur Resilienz ist mit „Risiko" umschrieben.

Begriff Risiko

Die Risiken der Entwicklung sind als gesundheitliche Risiken zu bestimmen oder sind als unzureichende psychologische, soziale und materielle Ressourcen / Unterstützung / Vernetzung des familiären Systems zu verstehen. Nach der ICF sind Risiken ein Geflecht von sozio-ökonomischen, umweltbedingt-familiären und biologisch-konstitutionellen Minder-Bedingungen.

Vergleicht man die Nennung der Risiken (Papousek 2004, Grohnfeldt 2007, Katz-Bernstein et al. 2010, Fingerle 2010, Kißgen 2010, Weiß 2010), kann die Dreiteilung etwas genauer gefasst werden:

- **sozio-ökonomisches Risiko:** (chronische) Armut, niedriger Bildungsstand, Arbeits- und Wohnsituation als Mangel, Zeitmangel
- **umweltbedingt-familiär Risiko:** fehlende emotionale Bindung, ungünstige Eltern-Kind-Interaktionen, ungünstige Identitätsentwicklung, geringe Erfahrung von Wertschätzung in der Familie (Eltern in der Sozialgemeinschaft, Eltern gegenüber dem Kind), Stigmatisierung in Referenzgruppen
- **biologisch-konstitutionelles Risiko:** Frühgeburt, familiäre Disposition, eingeschränkte symbolische Fähigkeiten des Kindes (mit Problemen des Sprachverständnisses in der Folge) oder andere dominierende Entwicklungshemmnisse oder Behinderungen (Hörstörungen), Deprivation

Risiken und Beziehungsaufbau

Teils führen nicht nur einzelne Faktoren zu einem „Mis-Fit" (Largo / Jenni 2005), es fehlt vielmehr die Kontinuität und damit aus Kindersicht Verlässlichkeit, Vertrautheit und Einschätzbarkeit. Von daher ist – bei jeder Intervention mit dem Kind von außen – der Beziehungsaufbau (und die Beziehungsförderung) die entscheidende Größe und das erste Ziel. Je jünger das Kind ist, desto mehr sollte Zeit und Konstanz in diesen Prozess hineingegeben werden.

Indikator 50-Wort-Grenze

Trotz eines oder mehrerer Risiken entwickeln sich viele Kinder auch unauffällig. Aus logopädischer Sicht sind Kriterien für eine gefährdete Sprachentwicklung wichtig, weil man dann entscheiden kann, bei welchen Kindern / Familien man wie interveniert. Frühe sprachliche Warnsignale (um das zweite Lebensjahr) sind Defizite im Sprachverständnis, der Umfang des aktiven Wortschatzes, der dann in den beginnenden Zweiwortsatz überleitet. Die Zürcher Studie von Geissmann (2011) legt nahe, dass der frühe Wortschatz tatsächlich ein wesentlicher Voraussagefaktor für die spätere Entwicklung ist: Ein deutlicher Rückstand in den Bereichen aktiver Wortschatz, Wortverständnis und Lautbildung sind die Marker für eine spätere Sprachentwicklungsstörung. Wenn der Wortschatz als Schlüssel für den Grammatikerwerb fungiert, steht dieser im Zentrum der Diagnostik, der Befragung und der präventiven und therapeutischen Bemühungen unter Berücksichtigung der Gesamtentwicklung.

Wenn es um Entwicklung geht, muss diese als ein Netzwerk von Fahrplänen verstanden werden, das aktiviert, koordiniert und terminiert werden muss. In der praktischen Arbeit ist deshalb Interprofessionalität und kooperative Verantwortung in integrierten Konzepten nicht nur ein Schlagwort, sondern Programm.

Professionen und Kontexte

Der Frage, wie kompetent Erzieherinnen in Kindertagesstätten den Sprachentwicklungsstand beurteilen können, geht eine landesweite (Hessen) Untersuchung in Deutschland von Holler-Zittlau 2006 nach. Dabei wurde der Faktor Zweisprachigkeit (Migration) berücksichtigt. Die Autorin hat in einer groß angelegten Untersuchung u. a. die diagnostischen Kompetenzen von Erzieherinnen mit denen von Fachpersonen verglichen. 768 Kinder im Alter von 4,0–4,5 Jahren wurden durch ein professionelles Verfahren (Marburger Sprach-Screening, MSS) und durch Erzieherinnenbeobachtung eingeschätzt. Die Experteneinschätzung ergibt, dass 22 % der monolingualen Kinder und 51 % der Kinder mit Deutsch als Zweitsprache deutliche (also auch semantische und syntaktische sowie rezeptive) Sprachauffälligkeiten zeigen. Die Erzieherinnen lagen in ihrer Beurteilung für die monolingualen Kinder in 78 % der Fälle richtig, jedes siebte Kind wurde falsch als unauffällig klassifiziert. Die Fehleinschätzung bei Kindern mit Migrationshintergrund verstärkt sich: 41 % der Kinder werden falsch eingeschätzt; mehr als jedes dritte Kind (37 %) wurde falsch als unauffällig und 4 % falsch als auffällig klassifiziert.

Logopädinnen einbeziehen

Als Fazit lässt sich sagen, dass Erzieherinnen das Spiel-, Sozial- und Arbeitsverhalten fokussieren; für die Beurteilung von Sprache und Kommunikation stoßen sie an ihre Grenzen. Die Konsequenz ist, Fachpersonen (Logopädinnen) entsprechend beratend hinzuzuziehen (Braun / Steiner 2007).

Kompetenzhoheit und -überschneidung

Interprofessionalität braucht eine verständliche Sprache, die Ressource Zeit und klare Kompetenzabsprachen (Abb. 4). Kompetenzabsprache bedeutet, dass wir gegenseitig anerkennen, dass in Teilbereichen eine Kompetenzhoheit besteht und in anderen Teilbereichen eine Kompetenzüberschneidung, die zur Auseinandersetzung aufruft. Im Rahmen der Kompetenzhoheit sind Grenzen als kooperative Übereinkünfte zu ziehen; im Rahmen der Kompetenzüberschneidung ist gemeinsame Planung und Aktion gefragt.

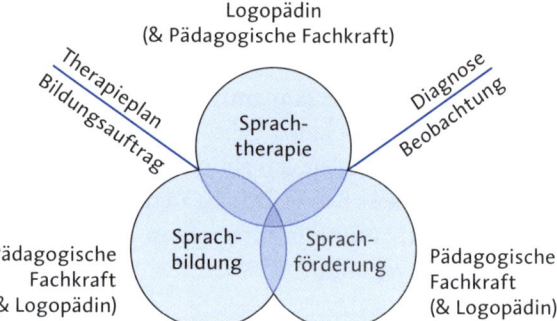

Abb. 4: Kompetenzhoheit und Kompetenzüberschneidung

Zwischen Pädagogik (praktisch Tätige: Erzieherinnen / Kindergartenlehrpersonen) und Logopädie (praktisch Tätige: Logopädinnen / Sprachtherapeuten) in der Kindertagesstätte haben beide Berufsgruppen mit allen drei Aufgaben, nämlich Sprachbildung, Sprachförderung und Sprachtherapie zu tun:

- **Sprachbildung** (mit vorangehender Beobachtung, Bildungsauftrag, Dokumentation und Evaluation) liegt in der Kompetenz der Erzieherin als Expertin für die Alltagssprache und Alltagsaktivität; die Logopädin / Sprachtherapeutin fungiert als Kooperationspartnerin.
- **Sprachtherapie** (mit vorangehender Diagnostik, spezifisch ausgerichtetem Therapieplan, Dokumentation und Evaluation) liegt in der Kompetenz der Logopädin / Sprachtherapeutin als Expertin für die Voraussetzungen für die Entwicklung einer altersgerechten formalen und pragmatischen Sprachentwicklung; die Erzieherin / Kindergartenlehrperson fungiert als Kooperationspartnerin.
- **Sprachförderung** (mit allgemeineren Angeboten zur Förderung von Kommunikation) liegt im Bereich der Kompetenzüberschneidung.

Die Beratungskompetenz bezieht sich für beide Professionen auf alle Bereiche.

Sprachförderung kann auch als fachbezogene Intervention verstanden werden. Die Logopädin bringt ihr Fachwissen z. B. in der Förderung einer Kindergartengruppe ein. Der Förderort ist hierbei meist der gewohnte pädagogische Rahmen / Ort des Kindes. Dies bezeichnen wir als integrierte Sprachförderung.

fach- und fallbezogene Intervention

Hingegen ist eine fallbezogene Intervention eine spezifisch auf die Bedürfnisse eines Kindes bezogene Therapiemaßnahme. Diese kann sowohl separativ im Therapiezimmer als auch integrativ im Klassenverbund angeboten werden – im zweiten Fall bezeichnen wir dies als integrative Sprachtherapie.

Pädagogische Fachpersonen sind die eine Seite des Beziehungsdreiecks für die logopädisch-präventive Therapie, die andere Seite ist die der Eltern. Eltern dürfen begründet als Experten für ihre Kinder angesehen werden; elterliche Sorgen sind unbedingt ernst zu nehmen (Braun / Steiner 2007). Die Eltern als Beobachter der Sprachentwicklung ihres Kindes spielen eine große Rolle; sie ergänzen die Außensicht von Logopädin und Erzieherin.

Eltern als Experten

Eine Sprachstandserfassung sollte als Trias „Beobachten – Testen – Befragen" im System Eltern – Erzieher – Kind realisiert werden (Braun / Steiner 2009). Beobachten – Testen – Befragen verstehen sich als verpflichtende Komplemente und nicht als Alternativen (Abb. 5). Beobachten ist deshalb verpflichtend, weil eine aussagefähige Beurteilung auf Natürlichkeit und Echtheit der Erhebungssituation beruhen muss. Befragen ist deshalb verpflichtend, weil Eltern und Erzieherinnen als Alltagsexperten eine sehr gute Außensicht einbringen und Testen kann insofern hilfreich sein, weil durch die klare Strukturierung und die theoretisch kontrollierte Auswertbarkeit ein zuverlässiger Vergleich von Teilaspekten der Sprachverwendung als Wiederholung bei einem Kind und als Vergleich zwischen Kindern möglich ist.

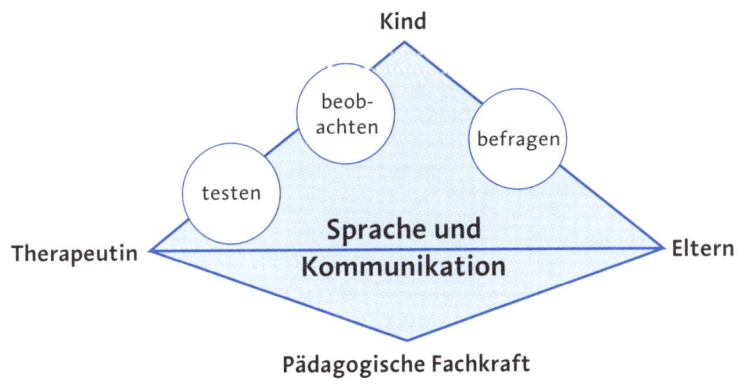

Abb. 5: System und Aktionen im Kontext Sprache und Prävention

Beobachten und Befragen

In der Übersicht der Verfahren zur Erfassung der Sprache (Braun / Steiner 2009) gilt es für die Trias zu beachten, dass, je jünger das Kind, desto mehr verlagert sich die Bedeutung der Ergebnisgewinnung hin zu Beobachten und Befragen. Von der Arbeitsteilung her gesehen, bleibt Testen der Logopädin vorbehalten, während Beobachten / Befragen als Kooperative mit der pädagogischen Fachkraft durchgeführt werden kann. Derzeit gibt es kein koordiniertes Verfahren, das Beobachten – Befragen – Testen jeweils altersgerecht zusammenbringt, so dass mit Bausteinen (eigenes Assessment) gearbeitet werden muss.

Für die kooperative Beobachtung unter Einbezug der Eltern bieten die in diesem Buch zur Verfügung gestellten Kompasse Orientierung und praktische Hilfe (Kap. 5.2 und Multimediadatenträger). Das Alter von drei Jahren muss als besonders relevanter Zeitpunkt der Erfassung hervorgehoben werden. Die in Abb. 6 dargestellten Instrumente der Früherkennung zeigen unsere in der Hochschule für Heilpädagogik (HfH) entwickelten Kompasse.

Die Philosophie aller Kompasse ist, dass die Klärung von Indikation, die Bestimmung von Maßnahmen, ein Profil von Ressourcen und Problemen mit Einschätzung der Schwere, einen Beratungs-, Förder- und Therapieplan und Kontrollstationen grundsätzlich als ein Teamauftrag angesehen wird. Die Kompasse verstehen sich nicht als diagnostische Klassifikations-

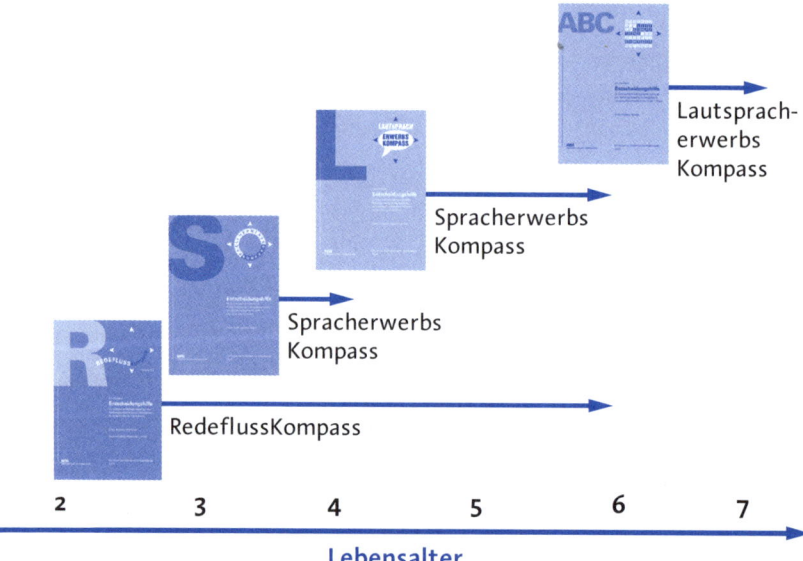

Abb. 6: Kompasse als Tools der Früherkennung

instrumente. Sie sollen lediglich die Zuweisung zu sprachtherapeutischen Fachpersonen frühzeitig ermöglichen. Im Vordergrund steht die zu initiierende Beratung und Abklärung (Kap. 5.2).

Die Vorteile einer standardisierten Testung liegen in der Strukturiertheit, der Normierung und der Kontextbestimmung. Die Ergebnisse sind vergleichbar, verlässlich und objektiv. Wenn das Kind allerdings klein ist, ist die dem Testverfahren notwendig vorausgesetzte Kooperationsbereitschaft der Kinder teils gefährdet oder nicht gegeben; psychometrisch ausgedrückt: Die Reliabilität der Ergebnisse korreliert mit der Vertrautheit der Untersucherin.

wertvolle Elterneinschätzung

Bockmann / Kiese-Himmel (2006), sprechen der Spontansprachprobe nicht die Bedeutung ab, sie plädieren aber für die Ergänzung durch einen **Elternbericht** (parents report). Elternberichterstattung bedeutet konkret, dass nach Tagebuchnotizen, Wortlisten im Verlauf und Wort-Verstehens-Checklisten gefragt wird.

„Fertige" Fragebögen liegen mit ELAN (Eltern antworten, Bockmann / Kiese-Himmel 2006), ELFRA (Elternfragebögen für die Früherkennung von Risikokindern, Grimm / Doil 2000) und FRAKIS (Fragebogen zur frühkindlichen Sprachentwicklung, Szagun et al. 2009) vor. Dass die Gewichtung des Elternvotums unabdingbar ist, belegt Walter (2005).

Eine Vielzahl von Sprachstanderfassungsinstrumenten (Jampert et al. 2005) geht davon aus, dass, nach entsprechender Schulung, pädagogische Fachkräfte in der Lage sind, den Sprachstand zu erfassen und Entscheide im Sinne von Bildung – Förderung – Therapie zu treffen. Wir schätzen das Votum der pädagogischen Fachperson ebenfalls als relevant und wertvoll im Kontext Alltag und Gesamtentwicklung des Kindes ein. Zu definieren ist ihre Rolle jedoch als erste Anlaufstelle, Entscheide zur Förderung / Therapie sollten eher (nur) vorbereitet werden. Sie respektieren in diesem Sinne die Kompetenzgrenze und diagnostizieren nicht (Braun 2007, Braun / Mannhard 2008). Dass Erzieherinnen tatsächlich hinsichtlich der Beurteilung von Sprache und Kommunikation an ihre Grenzen stoßen, ist belegt (Siegmüller et al. 2007, Holler-Zittlau 2006). Erzieherinnen sollten nicht zu Fachleuten der „Diagnose-, Kooperations-, Förder- und Präventionskompetenz" weitergebildet werden (Fried 2006c). Die prognostische Treffsicherheit ist für diese Berufsgruppe nicht gut.

Einschätzungen nicht-logopädischer Fachpersonen

Die unterschiedlichen Zeitpunkte der Sprachstanderfassung tragen nicht die gleiche Last an Verantwortung (Braun / Steiner 2009). Die Erfassung Zweijähriger hat zum Ziel, Kinder mit Sprachgefährdungen zu erkennen, um durch Beratung und / oder Therapie einen Entwicklungsschub

Zeitpunkte für Erfassung

der Kinder anzuregen. Im Alter von fünfeinhalb will man eine letzte Unterstützungsstation vor möglichen Schulschwierigkeiten, die sich auf mangelnde Sprachkompetenz zurückführen lassen, einbauen.

Die Hauptverantwortung der Diagnostik liegt jedoch im Alter von drei Jahren: Hier sind Kinder mit spezifischen Sprachentwicklungsstörungen über Kriterien („Vorausläuferfähigkeiten", Grimm 2003) gut erkennbar. Es gibt keinen sinnvollen Grund zum Abwarten.

Was tun? Im Sinne der Prämisse „Beobachten – Befragen – Testen" empfehlen wir, generell die Kompetenzen aller Beteiligter zu nutzen. Das heißt Eltern, pädagogische Fachpersonen und, koordinierend, die Logopädin / Sprachtherapeutin sollten einbezogen sein. Verfahren oder Teile von Verfahren sind kombinierungsfähig, kommunikativ-pragmatischen Aspekte und Basisfunktionen (auditive Wahrnehmung) ergänzen die linguistische Perspektive. Die Gesamtentwicklung spielt eine wichtige Rolle. Dabei ist der Fokus auf die Ressourcen eines Kindes zu richten.

Praxisblitzlicht Auf die Frage, welche Facetten der Entwicklung eine logopädische Abklärung im Alter von drei bis vier Jahren berücksichtigt, antworteten Expertinnen im Rahmen einer Expertise (Braun / Steiner 2009), wie Tab. 1 zeigt.

Bezüglich der Abklärungsmethoden plädieren die Expertinnen eindeutig für Beobachten.

Dabei wird seitens der Expertinnen mit „Befragung" weniger ein bestimmtes Instrument verknüpft (z. B. ELAN, FRAKIS oder ELFRA), sondern eine informelle, systemische Befragung.

Tab. 1: Antworten von Expertinnen auf die Frage, welche Facetten der Entwicklung eine logopädische Abklärung im Alter von 3–4 Jahren berücksichtigt.

Facette der Entwicklung	Berücksichtigung im Rahmen einer logopädischen Abklärung (3–4 Jahre)
Sprachlichkeit im engeren Sinn	34 %
sozial-kommunikative Kompetenzen	23 %
Wahrnehmung	13 %
symbolische Kompetenzen	11 %
Motorik	6 %
praktisch-gnostische Kompetenzen	6 %
Lernverhalten	3 %
familiäre Situation	2 %

In der Entwicklung des Kindes wird Auffordern vor Informieren und Teilen (ab ca. 12 Monaten) realisiert (Tomasello 2009, 157 f). Von hier ausgehend ist klar, dass die Grundlage der Sprache die zunächst vorsprachliche Kooperation ist – eine gelingende Entwicklung fordert ein Angebot an Kooperation seitens der Bezugspersonen. Die Theorie der Grundlegung einer linguistischen Kompetenz durch eine vorsprachliche Kooperationskompetenz schlägt eine Brücke zur frühen Bindungserfahrung als Grundlage. Bindungsentwicklung, Kooperationsentwicklung, Kommunikationsentwicklung und Sprachentwicklung sind sich überschneidende Bereiche. Wer demnach kleine Kinder zur Abklärung sieht, sollte auf diese Bereiche achten oder eine weitere Fachperson mit entsprechendem Wissen hinzuziehen (Dieter et al. 2005).

Kooperation und Bindung

Im Bereich der Früherfassung von Sprachauffälligkeiten gibt es inzwischen eine große Fülle von Angeboten mit entsprechenden unterschiedlichen Ausrichtungen. Die Vielfalt täuscht aber: Es gibt keine griffige Konzeption, die im Moment zufrieden stellen kann. Grundsätzlich plädieren wir für ein kooperatives Vorgehen bei der Einschätzung des Sprachstandes; hierfür eignen sich die in diesem Buch angebotenen Kompasse (Abb. 6).

Fazit zur Erfassung

Einer einseitigen Abstützung auf Testen ist eine Absage zu erteilen. Dies gilt umso mehr, je jünger das Kind ist. Praktikerinnen wissen, dass die Kooperationsbereitschaft der Kinder für eine Testsituation teils nicht gegeben ist und die „Tagesform" erheblich variieren kann. Ebenso kritisch ist eine einmalige Beobachtung einzuschätzen. Zu plädieren ist für einen Elternbericht (parents report) bzw. eine strukturierte oder offene Elternbefragung und für den Einsatz von Elternfragebogen wie ELAN (Bockmann / Kiese-Himmel 2006), ELFRA (Grimm / Doil 2000) und FRAKIS (Szagun et al. 2009). Eltern sollten als Experten für ihre Kinder in alle Entscheidungsprozesse eingebunden werden. Erste Studien belegen, dass die Eltern ein realistisches Bild über Fähigkeiten und Mühen ihres Kindes wiedergeben (Walter 2005).

Wenn Gesundheitsförderung und Prävention tatsächlich realisiert werden sollen, muss dies schlicht in Institutionen auch geplant werden. Dies ist keineswegs banal. Oft scheint es so zu sein, dass Prävention von der Institution gewünscht, von der praktizierenden Logopädin intendiert und auch durchgeführt wird, aber im Arbeitsablauf nicht koordiniert und in den Arbeitsvorgaben nicht verankert ist.

Institutionalisierung von Prävention

Im Jahr 2007 wurden von uns 57 Logopädinnen und Logopäden, die in spezialisierten Institutionen (logopädische Dienste und Sprachheilschulen) angestellt sind, befragt. Den Praktikern und Praktikerinnen wurden teils

Tatsächliche Präventionspraxis

offene, teils geschlossene Fragen zur Präventionspraxis gestellt. Ein Ausschnitt aus den Ergebnissen ist:

- Prävention wird realisiert als Information/interprofessioneller Austausch/Beratung/Öffentlichkeitsarbeit (74 %), als (Früh-) Erfassung (22 %) und Trainingsprogramme zur Vorbereitung auf die Schriftsprache (4 %).
- Bei der Durchführung sind in 28 % der Fälle Kindergartenlehrpersonen beteiligt.
- In nur 30 % der Einrichtungen ist Prävention institutionalisiert.
- Die Rahmenbedingungen werden in 52 % der Fälle als „fehlend/unklar" beschrieben.
- Im Profil, das die Aufgaben der Logopädin in der Institution festlegt („Stellenbeschreibung"), ist Prävention in 68 % der Fälle nicht aufgeführt.
- Zu 52 % werden die Maßnahmen nicht dokumentiert.

Zusammenfassend interpretiert heißt das: Die Logopädinnen „vor Ort" zeigen ein hohes Engagement bei schlechten Rahmenbedingungen und agieren teils außerhalb ihrer Arbeitszeit und innerhalb eines von der Institution abgekoppelten „Engagement-Pools" (Steiner 2009a).

Institutionelle Verpflichtung

Konkrete Vorstellungen bzw. institutionelle Vorgaben für die präventive Arbeit der Logopädin scheinen uns notwendig und hilfreich zu sein. Für die Planung schlagen wir folgende konkrete Kennzahlen vor und fordern zur Diskussion in der jeweiligen Institution auf (Abb. 7).

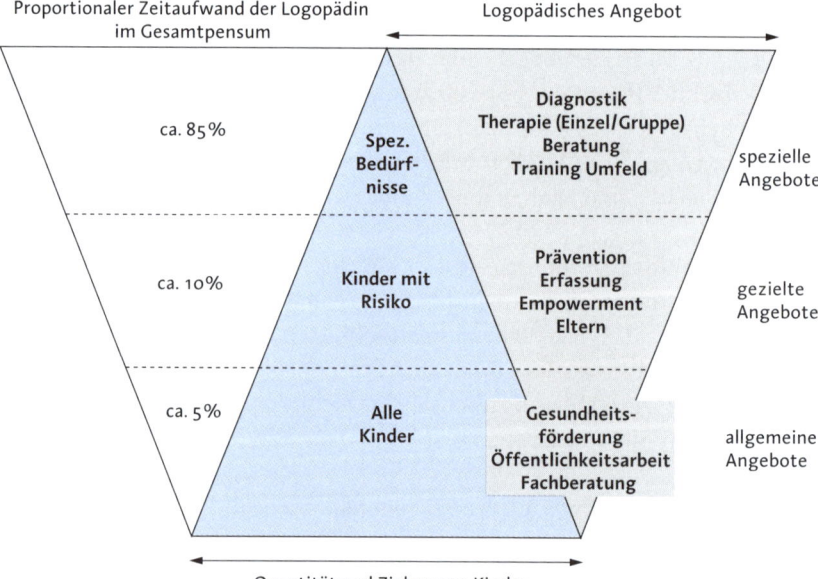

Abb. 7: Institutionalisierung der Prävention in der Praxis

Zusammenfassung

Die übliche Einteilung in primäre, sekundäre und tertiäre Prävention führt zu einer Unschärfe vor allem in der Abgrenzung von Prävention zur Therapie. Deshalb sprechen wir von Gesundheitsförderung, Prävention und Therapie. Gesundheitsförderung und Prävention sind in einem gedachten Kontinuum enger verbunden und abgrenzbar zur Therapie zu sehen. Die Zielgruppen für Gesundheitsförderung, Prävention und Therapie verkleinern sich konstant, und es kann eine eindeutige inhaltliche Zuweisung und institutionelle Zuständigkeit mit geregelter Kostenträgerschaft erfolgen. Im Kontext Sprachlichkeit heißt

- Gesundheitsförderung die Einflussnahme auf Faktoren für eine gelingende Sprachentwicklung,
- Prävention die Einflussnahme auf Faktoren für eine gelingende Sprachentwicklung, die durch ein Risiko gefährdet erscheint und
- Therapie die Bearbeitung eines Problems, dem eine Diagnose zu Grunde liegt.

Prävention ist für die Ausbildungsinstitute als Pflichtprogramm durch die Vorgaben zur Berufsausübung und durch den Qualitätsanspruch der Berufsverbände festgeschrieben und gesellschaftlich per Empfehlung bzw. Gesetz vorgeschrieben.
Die praktische Umsetzung der Präventionsarbeit erfordert institutionelle Rahmenbedingungen.

2 Gesundheitsförderung und Prävention aus pädiatrischer Sicht

Von Oskar Jenni

Seit den 1960er Jahren haben Fortschritte in der Pädiatrie dazu geführt, dass zahlreiche Erkrankungen von Kindern frühzeitig diagnostiziert und erfolgreich behandelt werden können. Dadurch nahm die Kindersterblichkeit in den westlichen Industrienationen markant ab. Im Gegenzug haben Entwicklungsauffälligkeiten und Verhaltensstörungen (so genannte „neue" Kinderkrankheiten) an Häufigkeit und Bedeutung zugenommen (Schlack 2006, Scriba 2007).

„neue" Kinderkrankheiten

Kinder leiden heute an Lernstörungen, Sprachbehinderungen, Teilleistungsschwächen, Verhaltensauffälligkeiten, Bewegungsstörungen, Konzentrationsdefiziten oder Hyperaktivität. Epidemiologische Studien zeigen, dass solche Störungen sehr verbreitet sind. So leiden etwa 5 % aller Kinder an einer Aufmerksamkeitsdefizit-/Hyperaktivitätsstörung (ADHS). Auch Entwicklungsstörungen motorischer Funktionen treten häufig auf. Mit anderen Worten: Die Prävalenz der „neuen" Kinderkrankheiten liegt im zweistelligen Prozentbereich (Schlack 2006, Scriba 2007).

Diese veränderten Diagnosen führten zu einer Neuorientierung der Kinder- und Jugendmedizin, zu einer verstärkten interprofessionellen Zusammenarbeit zwischen Pädiatrie und nicht-ärztlichen Fachbereichen und zu einer zunehmenden Bedeutung von Gesundheitsförderung und Prävention in der pädiatrischen Praxis.

Ganzheitliche Pädiatrie

Es kam zu einem eigentlichen Paradigmenwechsel: von einem somatisch-organisch ausgerichteten Zugang zu einer ganzheitlichen Kinderheilkunde mit Einbezug von medizinischen, psychologischen, sozialen und (sonder-)pädagogischen Gesichtspunkten.

Vorsorge- untersuchungen

Erste gesundheitsfördernde und präventive Maßnahmen in der Pädiatrie wurden 1971 in Deutschland, 1974 in Österreich und 1988 in der Schweiz im Rahmen der kinderärztlichen Vorsorgeuntersuchungen (VSU) eingeführt. Diese regelmäßigen Untersuchungen dienen der Früherkennung von körperlichen Erkrankungen (z. B. Stoffwechselerkrankungen oder Wachstumsstörungen), Entwicklungsauffälligkeiten oder Verhaltensstörungen und besonders der antizipierenden (vorausschauenden) Gesundheitsberatung. Die VSU beinhalten die Beurteilung der körperlichen, sensorischen, geistigen, motorischen, sprachlichen und sozialen Entwicklung eines Kindes. Die Schutzimpfungen vor infektiösen Krankheiten als wichtige und sehr effektive Präventivmaßnahme in der Pädiatrie gehören nicht zu den VSU im engeren Sinn, sind aber zeitlich damit verknüpft.

Die kinderärztlichen VSU sind das neben der Schwangerenvorsorge wohl am besten akzeptierte Präventionsprogramm in der Medizin. Über 90 % der Eltern nutzen diese Programme in den ersten zwei Lebensjahren, 80 % im Vorschulalter (Chung et al. 2006, von Kries et al. 2009). In Deutschland, Österreich und der Schweiz sind ärztliche Grundversorger (Kinder- und Hausärzte) für die VSU verantwortlich, während in anderen Ländern die VSU durch interprofessionelle Fachgruppen geleistet werden, z. B. in Schweden und Großbritannien durch Entwicklungspädiater, Pflegende sowie Fachleute aus Psychologie und (Sonder-)Pädagogik (Kuo et al. 2006). Die Finanzierung der VSU ist in den meisten Ländern entweder durch staatliche Zuschüsse oder private Versicherungen gewährleistet.

Breit akzeptiertes Präventionsprogramm

2.1 Kinderärztliche Vorsorgeuntersuchungen (VSU)

Der Gemeinsame Bundesausschuss der Ärzte und Krankenkassen (G-BA) hat Zeiträume und Inhalte der VSU in Deutschland festgelegt (U-Programme, Tab. 2). Die VSU werden bis zur U9 von den Krankenkassen finanziert (mit einer zusätzlichen Untersuchung im Schulalter). Neu wurde im Jahr 2008 die U7a eingeführt, bei welcher besonders die Erfassung von Spracherwerbsverzögerungen sowie Sozialisations- und Verhaltensauffälligkeiten im Vordergrund steht. Verschiedentlich wurde in den letzten Jahren darauf hingewiesen, dass das Programm der VSU in Deutschland dringend einer generellen Neubearbeitung bedarf, weil besonders die antizipierende Gesundheitsberatung nicht genügend berücksichtigt wird und diese eine ausschließlich freiwillige Leistung der Ärztinnen und Ärzte ist (Schlack 2006, von Kries et al. 2009).

In Deutschland

In Österreich sind die VSU im Rahmen der Mutter-Kind-Pass-Verordnung seit 1974 als Vorsorgeprogramm für Schwangere und Kleinkinder geregelt. Das Programm beinhaltet die Vorsorgeuntersuchungen während der Schwangerschaft und bis zum 5. Lebensjahr des Kindes und wird von den

In Österreich

Krankenversicherungen finanziert. Der Nachweis der ersten fünf Untersuchungen beim Kleinkind ermöglicht den Eltern den Bezug von Kinderbetreuungsgeld.

In der Schweiz In der Schweiz wurde mit Einführung des Bundesgesetzes über die Krankenversicherung (KVG) im Jahr 1994 die Gesundheitsförderung und Prävention zu einer Pflichtleistung der Krankenkassen. Die Zeitpunkte der VSU in der Schweiz werden in Tab. 2 dargestellt, wobei nur VSU in den folgenden Altersgruppen als Leistungen des Pflichtleistungskatalogs (PLK) gelten: 1. bis 6. Lebensmonat, 9. oder 12. Lebensmonat, 18. und 24. Lebensmonat sowie 4. und 6. Lebensjahr. Die antizipierende Gesundheitsberatung ist ebenfalls ein wichtiger Bestandteil der VSU in der Schweiz.

Referenzwerke Der PLK schreibt keine definierten Bestimmungen zur Durchführung von VSU vor. Als Referenzwerke der VSU dienen in der Schweiz das Manual Prävention in der Pädiatrie der Schweizerischen Gesellschaft für Päd-

Tab. 2: Zeitintervalle der kinderärztlichen VSU

Deutschland	Schweiz	Österreich
1. Untersuchung (U1)	1. Lebenswoche	1. Lebenswoche (U1)
3.–10. Lebenstag (U2)	1. Lebensmonat	4.–7. Lebenswoche (U2)
4.–5. Lebenswoche (U3)	2. Lebensmonat	
3.–4. Lebensmonat (U4)	4. Lebensmonat	3.–5. Lebensmonat (U3)
6.–7. Lebensmonat (U5)	6. Lebensmonat	
	9. Lebensmonat	7.–9. Lebensmonat (U4)
10.–12. Lebensmonat (U6)	12. Lebensmonat	10.–14. Lebensmonat (U5)
	18. Lebensmonat	
21.–24. Lebensmonat (U7)	24. Lebensmonat	22.–26. Lebensmonat (U6)
34.–36. Lebensmonat(U7a)	3. Lebensjahr	34.–38. Lebensmonat (U7)
46.–48. Lebensmonat (U8)	4. Lebensjahr	46.–50 Lebensmonat (U8)
		58.–62. Lebensmonat (U9)
60.–64. Lebensmonat (U9)	6. Lebensjahr	
7.–8. Lebensjahr (U10)		
9.–10. Lebensjahr (U11)	10. Lebensjahr	
12.–15. Lebensjahr (J1)	12. Lebensjahr	
	14. Lebensjahr	
17.–18. Lebensjahr (J2)		

iatrie (SGP) (Baumann / Joss 2004), der Atlas der Entwicklungsdiagnostik von Thomas Baumann (Baumann 2006) und die Checklisten der SGP, welche erst kürzlich neu aufgelegt wurden (Baumann / Pellaud 2011).

Es besteht in der Schweiz (wie in Deutschland) keine Vorsorgepflicht für die Eltern. Allerdings sind zurzeit in beiden Ländern Bestrebungen im Gang, welche die kinderärztlichen VSU verpflichtend einführen wollen. Grund dafür sind verschiedene erschreckende Beispiele von Kindsmisshandlung und -vernachlässigung. Rechtsverbindliche und praktikable Lösungen stehen derzeit in beiden Ländern noch aus.

Keine Vorsorgepflicht

Durch die VSU kennen die pädiatrischen Fachärztinnen und Fachärzte das Kind und dessen Familie oft seit Geburt und genießen bei den Eltern meist großes Vertrauen und Glaubwürdigkeit. Kinderärztliche VSU (besonders die Elternberatung) erhöhen die Erziehungskompetenzen der Eltern nachweislich (Minkovitz et al. 2003). VSU fördern zudem die Normerfahrung von Kinderärztinnen und -ärzten, erweitern den Blick für die Variabilität gesunder Kinder und verbessern dadurch die Einschätzung des kindlichen Entwicklungsstandes und die Erkennung von Auffälligkeiten und Störungen.

Variabilität unter Kindern

In der klinischen Weiterbildung zum Kinderarzt sind die Themen Gesundheitsförderung und Prävention zu wenig berücksichtigt. Tatsächlich haben mit der wachsenden Spezialisierung und Technisierung der Medizin rein organmedizinische Weiterbildungsinhalte eine hohe Priorität. Es gibt seit dem Jahr 2000 aber vermehrt berufsbegleitende Weiterbildungsformate, welche präventive Aspekte der Kinder- und Jugendmedizin vermitteln (z. B. das Certificate of Advanced Studies CAS Entwicklungspädiatrie der Universität Zürich).

Ungenügende Weiterbildung

2.2 Evidenz von kinderärztlichen Vorsorgeuntersuchungen

Die Frage nach Evidenz des präventiven Handelns in der Pädiatrie kann nicht generell beantwortet werden, sondern individuelle Leistungen der VSU müssen gesondert nach evidenzbasierten Kriterien beurteilt werden.

In den letzten Jahren wurde die Literatur bezüglich Wirksamkeit und Wirtschaftlichkeit von spezifischen Aspekten der Früherkennungsprogramme erweitert (s. Übersichtsarbeit von Weber / Jenni 2012).

So wurden z. B. die Effektivität des Hörscreenings mittels otoakustischer Emissionen (Verhaert et al. 2008) oder die Früherkennung einer angeborenen Hüftluxation durch Ultraschall der Hüfte im Neugeborenenalter (von

Wirksamkeit

Kries et al. 2003) nachgewiesen. Verschiedene Autoren konnten zeigen, dass Eltern mit ihren Kindern deutlich weniger häufig Notfallstationen von Kinderkliniken konsultieren und seltener hospitalisiert werden, wenn sie an VSU teilnehmen (Hakim/Ronsaville 2002). Die elterliche Beratung über Unfallverhütung vermindert die Häufigkeit von kindlichen Unfällen mit Verletzungsfolgen signifikant (Hakim/Ronsaville 2002). Es gibt zudem Untersuchungen über die Wirksamkeit der antizipierenden Beratung bezüglich Ernährungs-, Fütter-, und Stillverhalten, Schlafverhalten, Sprachentwicklung, Lern- und Entwicklungsförderung, Erziehungsverhalten, Sauberkeitstraining und Bewegungsförderung (s. Arbeiten von Nelson et al. 2003, Chung et al. 2009).

Wirtschaftlichkeit Das Screening nach Autismus Spektrum Störungen (ASS) im frühen Kindesalter im Rahmen von Vorsorgeprogrammen zeigt eine gute Sensitivität und Spezifität (Dereu et al. 2010, Miller et al. 2011). Gerade bei ASS ist eine frühzeitige Diagnose sehr wichtig, weil durch intensive Interventionsmaßnahmen sprachliche Kompetenz, nonverbale Kommunikation und Verhalten der Kinder nachweislich verbessert werden können (Vismara/Rogers 2010, Peters-Scheffer et al. 2011). In Anbetracht der großen sozialen und wirtschaftlichen Konsequenzen von ASS scheinen VSU und Frühinterventionen sowohl gesundheitsökonomisch und volkswirtschaftlich gerechtfertigt (Ganz 2007, Montes/Halterman 2008).

2.3 Schnittstelle Medizin – Logopädie

Die Tatsache, dass in der Schweiz die Logopädie ein Teil des Bildungssystems ist, macht die Klärung der Schnittstellen zwischen Logopädie und Medizin besonders bedeutsam (Jenni 2011). Ärztinnen und Ärzte stellen häufig im Rahmen von VSU eine Entwicklungsbehinderung oder eine Verhaltensstörung fest. Sie sind meist die ersten Fachleute, die eine Verzögerung im Spracherwerb erfassen. Es ist daher entscheidend, dass die sprachlichen Kompetenzen eines Kindes im Rahmen der VSU von der Kinderärztin und dem Kinderarzt beurteilt werden.

Früherfassung in der pädiatrischen Praxis Bislang konnte allerdings nicht überzeugend genug dokumentiert werden, dass der Einsatz von Elternfragebögen (z. B. SBE-2-KT, ELFRA-2, FRAKIS-K) in den pädiatrischen VSU einer individuellen Untersuchungsmethode des Pädiaters überlegen ist (Schum 2007). Entscheidende Parameter sind die Einschätzung der Sprache durch den Kinderarzt unter Berücksichtigung der anamnestischen Angaben der Eltern und der klinischen Beobachtung der verschiedenen Sprachdimensionen (Tab. 3).

Tab. 3: Elemente der Spracherfassung in den kinderärztlichen VSU (aus den Checklisten der schweizerischen Gesellschaft für Pädiatrie, Baumann/Pellaud 2011)

Alter	Items/Fragen
18 Monate	referenzieller Blickkontakt kann Absichten ausdrücken spricht 10–20 Wörter (Lautmalereien) gibt auf Aufforderung einen Gegenstand
24 Monate	„Was?"-Fragen kann Absichten sprachlich ausdrücken sagt NEIN spricht 20–50 Worte richtet Wort an Gegenüber nennt sich beim Namen versteht einfache Aufforderungen verfolgt Erwachsenenkonversation
36 Monate	„Warum?"- und „Wo?"-Fragen Sprache für dritte verständlich sagt ich fragt nach abwesenden Personen berichtet über Erlebtes, führt kleines Gespräch benennt Tiere und Gegenstände Mehrwortsätze Wortschatz differenziert (keine Passepartout-Worte) Vergangenheitsformen, Plural, Kategorien kennt und sagt seinen Vor- und Nachnamen versteht zweiteilige/absurde Aufforderungen
48 Monate	kooperiert gut mit dem Untersucher bildet Haupt- und Nebensätze kennt „müde sein, Hunger haben" kann am Telefon längere Konversationen führen kurze Geschichten verstehen und erzählen kennt die Hauptfarben versteht Präpositionen (z.B. vor, hinter, nach) versteht mehrteilige Aufforderungen fragt nach der Bedeutung von Wörtern

Bei Verdacht auf eine Verzögerung (oder Störung) im Spracherwerb in den ersten Lebensjahren erfolgt die ärztliche Zuweisung des Kindes zu einer Logopädin für eine differenzierte Abklärung, Elternberatung und Therapie-Indikationsstellung. Neben der spezifischen Spracherwerbsstörung muss die Ärztin oder der Arzt bei einem Kind mit einer Auffälligkeit im Spracherwerb differentialdiagnostisch auch eine Hörstörung, eine geistige

Aufgabenteilung Medizin – Logopädie

Entwicklungsretardierung, eine Autismus Spektrum Störung oder eine neurologische Störung in Betracht ziehen.

Effektive Sprachtherapie

Die frühe Erfassung von Sprachstörungen ist besonders deshalb wichtig, weil die Effektivität einer frühen – besonders auch elternzentrierten Sprachtherapie – zunehmend erwiesen und der Kosten-Nutzen-Effekt einer Frühförderung groß ist (Suchodoletz 2009b). Interventionen führen nachweislich zu einer Verbesserung der expressiven Sprach- und Kommunikationsfähigkeit eines Kindes (Law et al. 2003, 2004).

Zusammenfassung

Forderung aus ärztlicher Sicht
Gesundheitsförderung und Prävention sind eine wichtige Aufgabe der Kinder- und Jugendmedizin. Sie erfordert eine Kooperation und einen Austausch zwischen Professionen des Bildungs- und Gesundheitswesens. Die Gemeinsamkeiten, Synergien und Leistungsansprüche zwischen Bildungs- und Gesundheitssystem müssen aber in Zukunft ausreichend geklärt sein, was heute nicht der Fall ist (Jenni 2011).

3 Gesellschaftlicher Auftrag für gesundheitsförderlich-präventive Maßnahmen

In diesem Kapitel wird der politische Rahmen für die Durchführung von gesundheitsförderlich-präventiven Maßnahmen dargestellt.

3.1 Rahmenbedingungen für die Logopädie: Erwartungen, Finanzierung und Ziele

Der Umsetzung präventiver Maßnahmen geht eine gesellschaftliche Diskussion um Einstellungen, Kosten und Ziele voraus.

Der Auftrag zur Gesundheitsförderung und Prävention, den eine Gesellschaft erteilt, hängt von vielen Faktoren ab. Prosperität und Erwartungen (implizite Prämissen) müssen dabei zusammen gesehen werden. Fokussiert werden umfassende Spracherwerbsprobleme, die alle sprachlichen Ebenen tangieren und Auswirkungen auf Kommunikation, auf den Schriftspracherwerb und die gesamte Bildungskarriere, auf die Persönlichkeit und auf die Gesamtentwicklung haben. Die Gesellschaft hat ein Interesse daran, die Potentiale der Kinder zu stärken, über Lesen und Schreiben den kulturellen Zugang zu ermöglichen und einer negativen Spirale von persistierenden Sprachschwierigkeiten und dem damit verbunden mangelnden Zugang zu Wissen mit langsamem Absinken der Intelligenz (Jungmann 2007) entgegenzuwirken. Nach diesen Ausführungen bezieht sich Prävention von Spracherwerbsstörungen auf

Rolle der Gesellschaft

- eine sich möglicherweise umfassend entwickelnde Sprachstörung im Kontext einer allgemeinen Entwicklungsstörung,
- die Spezifische Spracherwerbsstörung mit wahrscheinlichen Auswirkungen auf den Erwerb der Schriftsprache und
- Spracherwerbsprobleme im Kontext der Migration.

In der heutigen Zeit ist die westliche Gesellschaft vor allem vor dem Hintergrund der Fokussierung eigener persönlicher Chancen und den Hemm-

Sprache und Kommunikation

nissen zur Erreichung der Ziele auf Risiken sensibilisiert. Dies gilt auch für die Sprachlichkeit: Sprache wird gleichrangig mit Kognition als Schlüssel für schulischen und beruflichen Erfolg angesehen. Und Kommunikation ist der entscheidende Faktor für Beziehungen, für Integration und psychische Gesundheit. Das sind die zentralen Motive der Volkswirtschaft und des Individuums / der Familien.

heutige Diskussion: PISA

Moderne Gesellschaften möchten nicht nur den Forderungen der WHO gerecht werden, sie wollen erfolgreich sein. Letztlich sind die PISA-Vergleiche (**P**rogramme for **I**nternational **S**tudent **A**ssessment) Erfolgsvergleiche. PISA ist ein Gradmesser für die Leistungsfähigkeit von Gesellschaften im Vergleich (derzeit 57 Staaten) und für die Leistungsverbesserung einer Gesellschaft im Verlauf der Zeit. Der wesentliche Faktor für späteren beruflichen Erfolg ist Bildung (und weniger Herkunft, Elternhaus oder anderes), das wesentlichste Hemmnis ist der Faktor Migration.

Bedeutung von Bildung

„Beruflicher Erfolg" ist aber nicht nur individuell bedeutsam, sondern auch volkswirtschaftlich: Je höher die Ausbildung und je mehr Motivation zur Weiterbildung besteht, desto wahrscheinlicher ist der Erhalt der Arbeitskraft – bei der demografischen Entwicklung mit einer immer älter werdenden Bevölkerung ein entscheidender volkswirtschaftlicher Faktor.

Die Schweizerische BASS-Studie (Guggisberg et al. 2010) kommt zum Ergebnis, dass es einen klaren Zusammenhang von Arbeitslosigkeit und Lesekompetenz gibt. Die Lesekompetenz ist ein Messkriterium von PISA. Hier liegt Deutschland innerhalb des OECD-Durchschnitts, die Schweiz 2006 und 2009 relativ gut über dem Durchschnitt, und Österreich belegt einen Platz im unteren Mittelfeld.

Alle deutschsprachigen Länder sind aber hinter Südkorea, Kanada und Finnland platziert (Stand PISA 2006 sowie 2010, Organisation für wirtschaftliche Zusammenarbeit und Entwicklung OECD, *www.oecd.org*, 20.10.2010 und 17.01.2011).

Fokus auf Sprachkompetenz

Klagen über eine nicht gute Sprachkompetenz sind damit Ausdruck eines großen Ehrgeizes von Ländern, deren volkswirtschaftliches Kapital die Bildung ist. Auf jeden Fall gilt: Sprache ist eine Schlüsselkompetenz für Bildung, für Beruf und damit auch ein wesentlicher Faktor der Volkswirtschaft. Von daher sind besondere Anstrengungen verständlich. Der PISA-Erfolg ist, wie die Verbesserung bestimmter Länder zeigt, nicht nur eine Frage des investierten Geldes.

Betrachtet man bildungserfolgreiche Länder wie Finnland, zeigen sich bestimmte Besonderheiten, die hier als Arbeitsimpulse verstanden werden können (Bildungsdirektion 2009, 24 f): erfolgreiches Finnland

1. **Volksfinanzen allgemein:** Eine Investition zur Bekämpfung der Kinderarmut sollte als lohnend angesehen werden.
2. **Volksfinanzen Frühbereich:** in den Frühbereich investieren
3. **Familienlogistik:** Familien sollten finanziell und inhaltlich unterstützt werden.
4. **Ortsnahe Angebote:** Bildungsorte sollten wohnortnah sein.
5. **Bildungsschnittstellen:** Die Bildungsübergänge sollten fließend gestaltet werden.
6. **Professionelle Qualifikation:** Das Personal im Bereich einer frühen vorschulischen Förderung sollte gut ausgebildet sein.

Wie bereits erwähnt, hängt der Grad der präventiven Umsetzung von finanziellen Möglichkeiten ab. Eine Gesellschaft muss in der Lage sein, aktuelle Probleme weiterhin zu bearbeiten und gleichzeitig in die Zukunft zu investieren. Präventionsarbeit tritt dafür ein, dass sich die Gruppengröße jener, für die ein Entwicklungsrisiko zum Entwicklungsproblem wird, (deutlich) verringert. Die „Ernte" für die Bemühungen liegt aber in der Zukunft; sie kann nicht als gesichert gelten, weil es an datenbasierten Erfahrungen zu klaren Eckdaten für Qualität und Umfang sowie der Koordination von Einzelmaßnahmen mangelt. Kostenplanung

Wenn in vorschulische Bildung investiert wird, zahlt sich dies aus: Längere Ausbildungen sind möglich, weniger Therapien sind erforderlich und weniger Folgekosten im Bereich Sozialhilfe entstehen. Das „return on investment" wird im PERRY-Pre-School Projekt 2008 (N = 64, sozioökonomisch schwacher Status als Risiko, Intervention mit zweieinhalbstündigem Förderprogramm über ein Jahr im Alter von 3–4 Jahren einschließlich Elternarbeit über Hausbesuche) auf das Siebenfache der Investitionskosten geschätzt. Der Nutzen von Kinderkrippen wird laut Fritschi/Oesch (2008) auf das dreifache der Investition geschätzt. Eine Investition scheint sich also zu lohnen. return on investment

Eine Verstärkung der Prävention verursacht demnach zwar zunächst einmal Mehrkosten. Minderkosten in der Zukunft sind als „return on investment" erwartbar, aber nicht ganz sicher. Wenn man Prävention tatsächlich forciert, hieße dies, mittelfristig mehr Geld auszugeben (mehr Prävention plus Therapie/Förderschule/Integration), um langfristig beim gleichen Budget wieder anzukommen (mehr Prävention plus weniger Therapie/Förderschule/Integration). Der Effekt dieser langfristigen Sicht ist die Senkung positiver Präventionseffekt von Folgekosten (Tab. 4). Die Politik in Legislaturperioden tendiert dazu, die Gegenwart zu bearbeiten, wenn die finanziellen Ressourcen knapp sind: Aktuelle Probleme verlangen Aktionen im Jetzt.

Tab. 4: Gesundheitsförderung, Prävention, Therapie und besondere Beschulung unter Kostenaspekten

	aktuell	Kosten	mittelfristig	Kosten	langfristig	Kosten
Gesundheitsförderung und Prävention	mittelmäßiges Engagement	→	Erhöhung des Engagements	↑	weiterhin hohes Engagement	↑
Therapie und besondere Beschulung	hohes Engagement	↑	weiterhin hohes Engagement	↑	verringertes Engagement	↓ (?)
			Investition		„return on investment"	

Nachhaltigkeit

Menschen wollen aber langfristig angelegte Modelle für Problemlösungen. Diese Dissonanz führt im Ergebnis dazu, dass Prävention thematisiert wird, die Ziele aber teils allgemein gehalten oder unrealistisch formuliert werden. Aktionen werden eher punktuell und mit beschränkten Mitteln angegangen; aufwändige Dokumentationen, mit einem geordneten Ablaufplan und externen Evaluationen, erfordern Mut und Stehvermögen.

planvoll = kostenintensiv

Tatsächlich ist ein kontrolliertes Vorgehen zeit- und kostenintensiv: Prävention ist wissenschaftlich so zu begleiten,

- dass zunächst epidemiologische Daten zur Prävalenz von Late Talkern, sprachentwicklungsgefährdeten, sprachentwicklungsgestörten und sprachentwicklungsbehinderten Kindern zu entsprechenden Zeitpunkten als Datensatz 1 (Zeitpunkt T0) vorliegen, die im internationalen Vergleich abgesichert sind.
- Dann müssten präventive Programme für die gleichen altersgeordneten Gesamtpopulationen durchgeführt, dokumentiert und ausgewertet werden (Zeitpunkt T1),
- um im vergleichbaren Kontext mit vergleichbaren Beobachtungskriterien erneut epidemiologische Daten zur Prävalenz als Datensatz 2 zu erheben, die mit dem Datensatz 1 verglichen werden können (Zeitpunkt T2).

Dies ist aufwändig – führt aber zu einer datenbasierten Einschätzung der Wirksamkeit.

Planung von Präventionsmaßnahmen

Nachfolgend werden einige Hinweise zur Planung gegeben. Der Prozess sollte nachvollziehbar, transparent und datengesichert ablaufen.

Die schweizerische Website *www.quint-essenz.ch* ist eine Plattform für Qualitätsentwicklung in Gesundheitsförderung und Prävention und bietet einen Qualitätscheck, einen Erfahrungspool und praktische Tools als Hilfe zur Durchführung von Präventionsprogrammen an.

Gesundheitsfördernde und präventive Maßnahmen sollten begleitet werden hinsichtlich

Qualitätssichernde Begleitung

- **Zielgruppe:** Für die Teilnehmenden gibt es Einschluss- und Ausschlusskriterien, der Kontext wird berücksichtigt.
- **Ziel:** Das Ziel ist mit den Beteiligten verhandelt, es gibt gegliederte, zeitlich geordnete Schritte, die zum Ziel in einer festgelegten Laufzeit führen, es ist im Ergebnis beobachtbar.
- **Aktionen:** Art und Umfang der Einflussnahme ist nachvollziehbar, Eigenaktivität der Teilnehmer ist eingeplant, der Prozess wird dokumentiert, es gibt ein Protokoll der „Nebeneffekte".
- **Wirksamkeit:** Die Wirksamkeit wird über Beobachtungen und Befragungen aller Beteiligten (Zufriedenheit) abgesichert.

Um die Qualität gesundheitsfördernder / präventiver Maßnahmen zu überprüfen, lassen sich spezifische Fragen formulieren, z. B. mit der groben Vision einer Unterstützung des Lebenskontextes betroffener Familien:

- Für **wen** wird die Maßnahme geplant und durchgeführt? Für **wen nicht**? (**Zielgruppe**)
- **Wozu** wird die Maßnahme geplant und durchgeführt? (**Ziel**)
- **Wann** und unter welchen **Rahmenbedingungen** wird die Maßnahme durchgeführt? Was ist **Bestandteil** der Maßnahme und **wie intensiv** wird sie durchgeführt? (**Aktionen**)
- Welche **Beobachtungen** können z.B. hinsichtlich der **Zufriedenheit** der Teilnehmer festgestellt werden? Ist ein **Transfer** in andere Bereiche möglich? (**Wirksamkeit**)
- Welche **Qualifikationen** benötigen die durchführenden Personen? (**Voraussetzungen**)

Ziele für Prävention sind zumeist eine Kopplung der zwei Dimensionen

Ziele von Präventionsprogrammen

- **Verhaltensprävention:** Veränderung von Verhalten, Einstellungen und Voraussetzungen für Personen (*als individualisierte Gesundheitsförderung und Prävention*), im Kontext der Sprachlichkeit z.B. als ein familiär umzusetzendes qualitativ anderes und quantitativ umfangreicheres Sprach-, Spiel- und Entwicklungsangebot;
- **Verhältnisprävention:** Strukturveränderungen in der Umwelt (*als gemeinschaftswirksame Gesundheitsförderung und Prävention*), im Kon-

text der Sprachlichkeit z. B. als Bereitstellen von Kinderbetreuungseinrichtungen im frühen Kindesalter und Schulung der pädagogischen Fachkräfte hinsichtlich Sprachbeobachtung und -förderung.

Einerseits gilt es also, Familien zu stärken und andererseits, Strukturen anzupassen, um letztlich durch beide Stoßrichtungen mehr Raum zu geben für (gemeinsames) Spiel, Erfahrungen, Erkundungen, Bewegung, Bilderbücher und Gespräch. Familien müssen in den Grundvoraussetzungen des Alltags (Geld, Zeit, Kinderbetreuung, Entlastung, soziales Netz) gestärkt werden, damit sie Kapazitäten für Angebote und deren Umsetzung haben.

Ziel und Planung Unter diesen Voraussetzungen des Zusammenspiels von strukturellen und individualisierten Maßnahmen fragt die Planung:

- Wie können wir die Sprachlichkeit im Kontext der Gesamtentwicklung (Spiel, Gespräche, Lesen) in der Familie und in der sozialen Umwelt fördern?
- Wie erreiche ich die Familien und welche Möglichkeiten der Kooperation gibt es zwischen pädagogischen Institutionen (Kindertagesstätte, Schule) und Eltern?
- Welche planerischen, beratenden, durchführenden, begleitenden, auswertenden Aufgaben übernimmt die logopädische Fachkraft?
- Welche finanziellen Mittel sind für welche Facette der Einzelmaßnahme bereitzustellen?
- Falls gezieltere Maßnahmen geplant sind („Risiko-Kinder"), wie können Eingangskriterien für die Teilnahme am präventiven Programm festgelegt werden?
- Welche politischen und rechtlichen Rahmenbedingungen gilt es zu berücksichtigen und wie viel Spielraum lassen diese zu?

Für Familien mit Migrationshintergrund ist das Modell „Instruktion von Multiplikatoren" sehr sinnvoll – Mütter, die sowohl in der Familien- als auch in der Landessprache kompetent sind, stellen Kontakt her, geben Information und Hilfe und dienen als Vermittlerinnen (Kap. 4.4).

Ziele und Orte Gesundheitsförderung und Prävention finden je nach Alter in unterschiedlichen Institutionen statt. Prädestiniert für die Gestaltung von präventiven Angeboten sind Krippen, Spielgruppen, Kindertagesstätten und Schulen. Die Strukturen sind jeweils unterschiedlich, die Kernfrage bleibt gleich: Wie kann die Institution mit der Familie kooperieren, damit diese sich selbst besser, bewusster, positiver steuern kann?

Der Gesundheitsförderung geht es um Gelingensbedingungen für das Kind auf seinem Weg zur Sprachlichkeit. Möglicherweise ist die gelingende, tragfähige, verlässliche Beziehung die wichtigste Voraussetzung für Spiel, Erkundung, Erfahrung und Dialog; die misslingende Beziehung ist ein schwerwiegendes Risiko für die Gesamtentwicklung. Je jünger das Kind ist, desto mehr sind Programme gefragt, die Sprache mit Beziehung verknüpfen und weniger nur linguistische Fähigkeiten fördern. Wenn dies so ist, wäre ein wesentlicher Aspekt der Gesundheitsförderung und Prävention im Kontext Sprache die Stärkung der Beziehung, oder, wenn die Ausgangslage ungünstig ist, das Sichern einer oder mehrerer konstanten Beziehungsalternativen außerhalb der Familie.

Zieldimension Beziehung

Der Vorschlag, Elternbildung als Pflicht über die Kopplung an die Auszahlung des Kindergeldes einzuführen (Hafen 2007, 229), wird hier als problematisch eingeschätzt. Ebenso ist der Vorschlag, Paaren, die sich Kinder wünschen, ein Angebot zur „Prävention vor der Familiengründung" anzubieten (Hafen 2007, 229), kaum zielführend.

Verordnete Prävention?

Dennoch: Allgemeine Programme, die die Familie stärken wie

- Triple P (Positive Parent Programme), die Hinweise für ein positives Erziehungsverhalten offeriert (*www.triplep.ch*),
- Gordons Familienkonferenz, mit dem Konflikte konstruktiv bearbeitet werden können (*www.elternbildung.ch*)
- EPL (Ein Partnerschaftliches Lernprogramm), das die Kommunikation der Eltern verbessert (*www.epl-freiburg.de*) oder
- Marte Meo (Beratung mit dem Medium Video), das die Selbststeuerungskräfte der Familie stärkt, indem Stärken explizit gemacht werden (*www.martemeo-deutschland.de*)

haben sicher einen Einfluss auch auf die Sprach- und Gesamtentwicklung der Kinder. Klar ist: Wer Zugang zu Bildung, Information und Austausch ermöglicht, bahnt den Weg zu mehr Hinwendung zum Kind.

Die Sprachentwicklung als Teil der Gesamtentwicklung ist ein komplexes Geschehen. Das Kind beschreitet den Weg von Konzepten zu Bedeutungen, zu Bedeutungsverknüpfungen und Äußerungen. In diesen Schritten werden Kognition, Sprachwissen und Kommunikation ineinander verwoben. Das Kind nutzt Spiel, Bewegung und Kommunikation, schreitet voran in der Bedeutung von Symbolen und Sprache und orientiert sich zwischen Ich – Du – Welt. Unterschiedliche Entwicklungsphasen erfordern eine jeweils spezifische Herangehensweise (hier nur skizzenhaft angegeben):

Ziel und Alter

- In der vorsprachlichen Phase (0–18 Monate) geht es um gemeinsame Aufmerksamkeit; präventive Programme fokussieren hier Beziehung, Interaktion, Kooperation, geteilte Aufmerksamkeit.
- In der Phase der ersten Worte und der Erprobung auf Lautebene (12–24 Monate) geht es über das oben genannte hinaus um Erfahrungsangebote, die als Sprechanlass dienen.
- In der Phase des Beginns von Zweiwortsätzen und dem Einstieg in die Morphologie (24–36 Monate) geht es u. a. um Bezüge und Wirkungen und deren Versprachlichung.
- In der morpho-syntaktischen Phase (36–48 Monate) können erste Angebote zur spielerischen „Analyse" von Sprache gemacht werden.

Unser Sprachförderfilm „Mit Kindern sprechen und lesen. Sprache kitzeln" (Kap. 5.2 und DVD) zeigt für drei Altersstufen konkret auf, wie Eltern Modellierungstechniken einfach lernen und altersangepasst anwenden können.

geteilte Verantwortung

Prävention ist ein gesamtgesellschaftlicher Auftrag. Die Gesamtverantwortung wird dabei auf mehrere Akteure verteilt und führt zu unterschiedlichen Aktionen wie z. B.:

- Angebote der Krankenkassen,
- Aktionen einzelner Institutionen (z. B. in Schulen und Kindertagesstätten),
- Kampagnen des Staates,
- Eigenverantwortlichkeit jedes Einzelnen.

Der letzte Punkt ist entscheidend: Die WHO definiert Gesundheit als jenen Prozess, der Menschen befähigt, die Kontrolle über ihre Gesundheit selbst zu verbessern (Hafen 2007, 200). Damit überträgt die Gesellschaft mit ihrem politischen System und ihren Institutionen Mitverantwortung an die Bürger, da das Arbeiten an Bewusstsein und Lebensstil deren Initiative voraussetzt.

Rolle der Krankenkasse

Die AOK („Die Gesundheitskasse") als größte gesetzliche Krankenkasse in Deutschland sieht sich in Sachen Prävention in der konzeptionellen und finanziellen Verantwortung (Ahrens 2005).

Laut Ahrens sinken die Behandlungskosten als „return on investment". Allerdings: Quantitativ werden diese Bemühungen „als der berühmte Tropfen auf den heißen Stein" (Ahrens 2005, 49) angesehen. Eine größere Breitenwirkung als Voraussetzung für einen Erfolg präventiver Arbeit erziele man nur mit gemeinsamen finanziellen und organisatorischen Anstrengungen als Gesellschaftsaufgabe:

„Prävention ist keine Aufgabe, die der Staat einzelnen Akteuren zuweisen und dann abhaken kann. Prävention ist ein gesamtgesellschaftlicher Veränderungsprozess hin zu mehr Eigenverantwortung des Einzelnen für seine Gesundheit" (Ahrens 2005, 52).

Prävention wird aber nicht nur als gesellschaftlicher Auftrag akzeptiert; in einer Gegenströmung wird Prävention als Ideologie und verordneter Eingriff bzw. Disziplinierung gekennzeichnet (Franzkowiak 2006, 138 f.). Es entsteht eine Defizitkette: Von einem normativ gesetzten Wünschenswerten zu der Wahrscheinlichkeit eines Risikos, welches noch gar nicht sichtbar ist, zur Zuschreibung eines „IST" in der Gegenwart, zum unterstellten Defizit bis zur Selektion; „unterstellt wird ein generalisiertes, potentielles, zukünftiges Defizit" (Lüders 2003, 79). Eine Stigmatisierung ist von hier ausgehend mindestens in zweifacher Hinsicht denkbar:

Kritik an Prävention

1. Familien mit belastenden Bedingungen werden mit einem Verdacht etikettiert, dessen Begründung in der Zukunft liegt. Zugleich wird als Inszenierung einer Bedrohung davon ausgegangen, dass sie Belastungen nicht selbst kompensieren kann und externer Intervention bedarf. Ein möglicher Verlauf hieraus ist ein Labeling-Effekt: Es kommt so, wie vorhergesagt, weil sich alle darauf einstellen.
2. Als wissenschaftlicher Auftrag werden genetische Faktoren in Familien mit einer Disposition zu Sprachbeeinträchtigungen so lange gesucht, bis ein „genetischer Marker" identifiziert ist. Als Intervention werden in der Folge molekular-chemische Lösungen als logisch eingeschätzt und entsprechend verordnet, obwohl überhaupt noch kein Problem entstanden ist (Ptok 2000, 174 f).

3.2 Gesetzliche Regelungen im Kontext Gesundheitsförderung und Prävention

Politik ist auch ein Ausgleich der Interessen. Der Auftrag im Rahmen der Gesundheitsförderung und Prävention an die Logopädie wird von Ausbildungsstätten anders gesehen als von Berufsverbänden und wiederum anders von Entscheidungsträgern für die Finanzierung. Der Überschneidungsbereich aller Interessen ist Chancengleichheit, Bildung für alle und das Recht auf Gesundheit (Gesundheit für alle) (Kap. 1). Dies ist auch die Vorstellung der WHO (1998) von einer gesunden Gesellschaft neben anderen Grundsäulen wie Frieden, gesunde Umwelt, Arbeit, oder sozialer Gerechtigkeit. Das Recht auf Bildung ist auch in der UN-Kinderrechtskonvention mit dem Hinweis auf die Bedeutung der frühen Bildung fest-

unterschiedliche Blickwinkel

geschrieben; die OECD empfiehlt ein Budget in Höhe von 1 % des Bruttoinlandsproduktes für den Altersbereich 0–6 Jahre. Insofern ist jeder Staat im Zugzwang bezüglich einer Konzeption und entsprechendem Handeln.

Ebenen und Sachbereiche

Grundsätzlich ist es so, dass es Regelungen auf verschiedenen Ebenen der Entscheidung (Bundes-, Länder-, Gemeinde- und Institutionsebene) und verschiedene Zuständigkeiten (Gesundheit, Bildung, Soziales und Familie) gibt. Die Regelungen aus den verschiedenen Zuständigkeiten müssen dabei als Ergänzungen gesehen werden. Das heißt für die Logopädin vor Ort, dass sie bezüglich der Rahmenbedingungen für die logopädische Gesundheitsförderung und Prävention Regelungen auf verschiedenen Ebenen und aus verschiedenen Sachebenen suchen bzw. berücksichtigen muss.

Im Allgemeinen gilt, dass die Präzision von „oben" nach „unten" zunimmt: Auf Bundesebene werden allgemeine Rahmenbedingungen festgelegt, die dann auf Länder- und Gemeindeebene in Ausführungsbestimmungen konkretisiert werden. Einzelne Institutionen überführen diese dann in Leitfäden oder machen keine weiteren Vorgaben. Letztlich wird nach Rahmen und nach Spielraum gesucht.

Vielfalt der Begriffe

Liest man Gesetzestexte, ist es erst einmal so, dass die größte Übereinstimmung zwischen Deutschland, Schweiz und Österreich wohl in einer Vielfalt der Begrifflichkeit besteht; die Rede ist von Vorsorge, Verhütung, Prophylaxe, Früherkennung, Vorbeugung, Schutzmaßnahmen, Aufbau von Fähigkeiten, Ungleichheit abbauen, Risikoabwehr, Aufklärung, Vermeidung.

Prävention auf Eis

In allen drei Ländern liegt derzeit jeweils ein Präventionsgesetz lediglich als Entwurf vor. Prävention wird gesamtgesellschaftlich eindeutig befürwortet, die Konkretisierung auf dem Niveau – Ziele, Mittel, Rahmenbedingungen, Finanzen per Gesetz – ist aber offenbar schwierig.

Arztmonopol in Deutschland

Das Gesundheitssystem in Deutschland ist bundesweit einheitlich geregelt (Bundesministerium für Bildung und Forschung, BMBF). Mit der Entscheidung, was letztlich einem Status „krank" zuzuordnen sei, hat das Gesundheitssystem in Deutschland (und auch in Österreich) den Arzt mit einem Monopol ausgestattet. Damit nimmt er auch eine Schlüsselstellung bei der Zuweisung / Abweisung von Maßnahmen ein. Teils verstehen sich Ärzte als Agenten des Budgets der Krankenkassen. Vor diesem Hintergrund sind Argumentationen einzuordnen, dass die Diagnose „Sprachstörung", wenn sie denn von sprachtherapeutischen Fachleuten gestellt wird, zu einem großen Teil dem Motiv der Selbstzuweisung folge. In einem an Sprachtherapeuten / Logopäden gerichteten Lehrbuch greift Ptok den Satz auf, dass die Zuschreibung „gesund" (und damit nicht behandlungsbedürftig) beliebig sei, da „gesund" lediglich *„noch nicht genug untersucht"* bedeute (im Sinne von „wer suchet, der findet"). Ptok (2000, 179) zieht die Schlussfolgerung: *„Das gilt sicher auch für (sprachauffällige?!?) Kinder?"*

In der Schweiz wird die für das Kindesalter zuständige Logopädie als Teil des Bildungswesens verstanden und ist diesem „ärztlichen Diktat" nicht unterworfen. Es muss als grundlegender Unterschied zwischen den beiden Ländern angesehen werden, dass sich das logopädische Ziel in Deutschland aus einer Krankheitsbehandlung ableitet, und in der Schweiz das logopädische Ziel an Chancengleichheit und Bildungslaufbahn anknüpft. Diese kontextgenerierenden Verankerungen sind inhaltlich bedeutsam.

Blick zum Nachbarn

In Deutschland ist Prävention in vier Sozialgesetzbüchern prominent als Auftrag der Gesundheitsversorgung genannt (SGB V, VII, IX, XI). Zudem finden sich Vorgaben in anderen Papieren. Die hier festgeschriebenen Regelungen betreffen vor allem die Zuständigkeit, die Institutionalisierung, die Finanzierung und auch eine Vorstellung, was dabei unter Qualität zu verstehen sei. Die Vorstellung ist, dass ein Mehr an Gesundheit in der Gesellschaft dann entstehe, wenn gesundheitsförderliche Strukturen bereitgestellt werden und individuell als Ausbau des Wissens, der Fähigkeiten und der Verhaltensweisen genutzt werden (§ 2 und 3, PrävG), um letztlich eine „gesundheitsbezogene Selbsthilfe und Selbstbestimmung" in Eigenverantwortung zu ermöglichen.

Sozialgesetzbuch als Grundlage

Fasst man wesentliche bestehende Vorgaben zusammen, wird vor allem folgendes per Gesetz / Empfehlung unterstützt:

Vorgaben und Gesetze

1. Stärkung der Forschung im Themenkreis frühe Kindheit (Empfehlung BMBF 2008),
2. Verstärkung des Betreuungsangebotes in Kindertagesstätten / Tagespflege / in der Familie und damit Ermöglichung von Vereinbarkeit von Familie und Beruf (Kinderfördergesetz KiföG aus 2008, SGB VIII aus 1990),
3. Integration von Kindern und Jugendlichen mit Gefährdungen (SGB VIII, KJHG aus 1990),
4. Früherkennung bei Kindern (SGB V aus 1988),
5. Verbesserte Teilhabe von Menschen mit Behinderung durch Früherkennung und Frühförderung (SGB IX),
6. (apparative) Hilfen für die Verständigung, Fokus Hör- und andere Behinderungen (SGB IX),
7. Logopäden sind Teil des pädagogischen Personals im Kindergarten (KiTaG Baden-Württemberg aus 2009),

8. Eine Sprachstandserfassung soll zwei Jahre vor Einschulung erfolgen (SchulG Nordrhein-Westfalen aus 2005).

Zusammenfassung

Es zeigt sich eine rechtliche Vielfalt, die einerseits als Gestaltungsmöglichkeiten und andererseits als gewisse Unübersichtlichkeit (als Folge des Föderalismus) wahrgenommen werden können.
Die Ausführungen zu gesetzlichen Grundlagen wollen deutlich machen:

- Erst wenn gesetzliche Grundlagen existieren, sind die Voraussetzungen für die Praxis gegeben.
- Da sich rechtliche Grundlagen auf unterschiedliche Ebenen (Bundesversus Landesebene) und unterschiedliche Kontexte (Gesundheit versus Bildung und dabei Sozialgesetzbuch, Kinderschutzgesetz, Schulgesetze usw.) beziehen, entsteht eine große Diversität für den Einzelfall vor Ort.
- Die praktisch tätige Logopädin vor Ort kommt nicht umhin, sich mit den rechtlichen Grundlagen ihrer präventiven Arbeit für die jeweilige Institution auseinanderzusetzen. Regelungen verstehen sich teils als Ergänzungen, teils als Optionen mit Spielraum.

3.3 Prävalenz: Zur gesellschaftlichen Relevanz bei der Diskussion um die „richtigen Zahlen" zu Sprachauffälligkeiten

Prävalenz und Ideologie

Zahlen zur Prävalenz bestimmen die Größenordnung der Probleme, ihre Dringlichkeit und den zu erwartenden Kostenaufwand zur Bearbeitung. Wenn Prävalenzzahlen bewusst niedrig „gehandelt" werden, könnte dies auch ein Ausdruck dafür sein, die Kosten zu dämpfen; wenn die Prävalenzzahlen bewusst „hoch" gehandelt werden, könnten berufsständische Interessen verfolgt werden.

Tatsächlich wird Reihenuntersuchungen (Sprachstandserfassungen) vorgeworfen, ein Verfahren der Selbstzuweisung zu sein. Auch das Ringen um die Begriffe Sprachförderung versus Sprachtherapie hat weniger mit Inhalten zu tun als mit dem Vergeben von Zuständigkeiten (z. B. in Deutschland: Kindertagesstätte statt Krankenkasse) und dem Vergeben von Aufträgen an (unterschiedlich teure) Berufsgruppen (Erzieherinnen versus Sprachtherapeutinnen). Von daher ist nicht nur bei politischen Äußerungen, sondern auch bei Studien auf ein erkenntnisleitendes Interesse zu achten.

Will man Sachlichkeit und internationalen Konsens in die Diskussion bringen, ist zunächst einmal wichtig, eine Ordnung nach Alter vorzunehmen: Sinnvolle Zeitpunkte für Prävalenzangaben sind 24 Monate, 36 Monate und ein Jahr vor der Einschulung. Diese Zeitpunkte steuern dann auch Entscheidungen für unterschiedliche Interventionen (Elterninformation, Elterntrainings, Sprachbildung, Sprachförderung, Sprachtherapie, Beschulungsform).

Altersstufen

Aus methodischer Sicht sind Untersuchungen als Falldarstellungen oder in kleineren Gruppen zu Late Talkern und deren Entwicklung (hieraus leitet sich die Prävalenz hauptsächlich her) nur bedingt geeignet, da Entwicklungsfaktoren komplex sind und der Faktor normale Varianz der Entwicklung schlecht einschätzbar ist. Aussagefähig wären epidemiologische Studien mit einer einheitlichen Definition „sprachgestört", die mit dem gleichen Untersuchungsinstrument im Längsschnittdesign arbeiten. Epidemiologische Studien im Längsschnitt liegen aber nicht für die wesentlichen Zeitpunkte 24 und 36 Monate geordnet, sondern nur als Schuleingangsuntersuchung, also zu einem späten, geringer bedeutsamen Zeitpunkt vor.

Fallstudien bedingt geeignet

Zu fordern wären epidemiologische Studien als Längsschnittuntersuchungen, die eine flächendeckende Gesamterfassung einer bestimmten Altersgruppe mit Berücksichtigung der weiteren Entwicklung leisten. Zudem müsste dokumentiert sein, welche Kinder bisher keine therapeutische bzw. beraterische Hilfe bekamen. Law nennt dies treffend „natural history" (Law et al. 2000, 166). Vergleichbar sind Studien mit konstantem Design, konstantem Alter, konstanter Spracherfassungsverfahren und konstanter Erhebung von Begleitdaten. Dies alles liegt so nicht vor. Eine Orientierung ist damit erschwert.

„saubere" Studien

Es gibt tatsächlich Untersuchungen, die die Ergebnisse vor Beginn der Datenerhebung im Sinne eines erkenntnisleitenden Interesses bereits vorweg zu nehmen scheinen. Solche Untersuchungen dienen dazu, entweder Entscheidungen des Auftraggebers oder die eigene Vorgehensweise zu legitimieren. Es lohnt sich also, manche Untersuchungen besonders zu hinterfragen.

Negativbeispiel

Ein Beispiel hierfür ist eine englische Publikation, in der Kinder im Alter von dreieinhalb Jahren ein Jahr lang beobachtet wurden (Glogowska et al. 2000). Es ist keine Untersuchung zur Prävalenz, steht damit aber doch in einem direkten Zusammenhang, da es um Therapiebeurteilungen und -entscheidungen geht. Die Ausgangsfrage war, ob Sprachtherapie im Vergleich zu „watchful waiting" bei monolingualen, nicht primärbehinderten Kindern einen Effekt zeigt. Die Studie kommt zu einem negativen Ergebnis:

Sprachtherapie zeige gegenüber „freundlichem Abwarten und Vertrösten" nur in einem von fünf Teilbereichen („auditory comprehension") nennbare Unterschiede, Verbesserungen beträfen im Vergleich nur 30 % der Kinder. Sieht man sich das Zustandekommen der Daten aber an, fällt zunächst einmal auf, dass die Studie bereits in der Einleitung deutlich hervorhebt, Therapie belaste das englische Gesundheitssystem (NHS) erheblich.

<small>unklare Definition</small>

Das Projekt ist zunächst sehr sorgfältig angelegt: In 16 Partnerkliniken werden aus 509 Kindern 159 kriteriengeleitet ausgewählt und in zwei Gruppen randomisiert eingeteilt. Es wird eine Reihe von Daten zur Sprache und zu Begleitfaktoren für den Vergleich erhoben; diese werden nach einem halben und nach einem Jahr kontrolliert. Schaut man aber auf die Definition von „Therapie", zeigt sich: Im Mittel hatten die Kinder der Therapiegruppe einmal im Monat Therapie, wobei die Bandbreite einmal wöchentlich bis einmal in 10 Wochen betrug, die Lektionen umfassten dabei im Mittel 47 Minuten mit einer Bandbreite von 20 bis 75 Minuten.

Diese Untersuchung kann damit als Musterbeispiel dafür gelten, wie man methodisch korrekt Daten erhebt und vergleicht und aufgrund einer falschen Prämisse (Definition „Therapie") falsche Schlussfolgerungen zieht.

<small>methodisch heterogene Studien</small>

Für einen Überblick über das Thema Late Talker aus logopädischer Sicht seien die Zusammenfassungen von Suchodoletz (2004), Schlesiger (2005), Penner et al. (2005), Sachse et al. (2007) und Walter (2007) empfohlen. Die Zusammenschau dieser Publikationen und eigene Recherchen (Steiner 2009a, b) belegen, dass die oben beschriebenen Anforderungen an die „saubere Studie" nicht erreicht werden. Die Mehrzahl der Erhebungen sind unter N = 80. Sie gehen zudem nicht darauf ein, ob bereits vor der Untersuchung bzw. im Verlauf des Erhebungszeitraumes Interventionen stattfanden oder nicht. Im Vergleich der vielen Studien sind die Auswahlkriterien und das Alter der Probanden für die Stichprobe völlig unterschiedlich.

Das Thema Prävalenz scheint damit oberflächlich zwar mit Intensität erforscht zu sein, tatsächlich aber fehlt es an verlässlichen Aussagen. Suchodoletz (2004) bringt es auf den Punkt:

> „Für eine realistische Einschätzung von Chancen und Risiken entwicklungsauffälliger Kinder sind systematische Beobachtungen unter kontrollierten Bedingungen erforderlich. Zahlreiche methodisch gut strukturierte, prospektive Längsschnittstudien wurden in den letzten Jahren durchgeführt, so dass inzwischen empirische Befunde über die langfristige Entwicklung von Kindern mit Entwicklungsbesonderheiten vorliegen. […]. Trotz der vorliegenden Ergebnisse ist die Daten-

lage jedoch verwirrend. Die mitgeteilten Erfahrungen sind uneinheitlich und aufgrund methodischer Unterschiede ist kaum eine Studie mit einer anderen vergleichbar."

Selbst die sicheren epidemiologischen Studien zu einem späteren Zeitpunkt der Sprachentwicklung scheinen nur bedingt verlässlich zu sein. Teilweise kommt man mit dem gleichen Instrument in vergleichbaren Gebieten zu Prävalenzzahlen die um 100 % divergieren: Im Land Niedersachsen reichen die mit dem gleichen standardisierten Instrument zur Erfassung des Sprachstandes erzielten Prävalenzzahlen vor Einschulung von 18,1 % bis 38 %. Nach Stitzinger (2008) scheint das weniger an unterschiedlichen Populationen zu liegen, sondern vielmehr an Spielräumen für Interpretationen. Von hier ausgehend kann nur eine realistische Schätzung vorgenommen, nicht jedoch von datengesicherten Erkenntnissen gesprochen werden.

Studien mit großer Varianz

Ist eine Angabe zur Prävalenz der sprachgefährdeten Kinder bereits mit 24 Monaten überhaupt möglich? Ein eindeutiges „ja" ergibt die Zwillings-Untersuchung von Oliver et al. (2004, N = 806): Die korrekte Identifikation einer Sprachentwicklungsbeeinträchtigung erhöht sich zwar mit zunehmendem Alter (was auch zu erwarten ist) – jedoch nicht wesentlich: Bereits mit zwei Jahren liegt die Vorhersagewahrscheinlichkeit bei 76,6 %. Mit drei Jahren steigt sie auf 77,6 % und mit vier Jahren auf 82,3 % (bezogen auf 4,6 Jahre alte, sprachverzögerte Kinder). Dieses Ergebnis veranlasst natürlich nicht nur zur frühen Prävalenzangabe, sondern auch zur Diagnostik und Intervention.

So früh wie möglich?

Für die Sicherheit einer Prävalenzangabe im frühen Alter sei laut der Untersuchung von Westerlund et al. (2006) das Kriterium „less than eight words at age of 18 month" der beste Prädiktor; er sei den Kriterien Sprachverständnis und Gestikkompetenz überlegen. Laut dieser Studie können 11–12 % eines Jahrgangs relativ sicher über das 8-Wort-Kriterium (bei einer Versuchsgruppe von N = 2080) als später sprachgestört ausgelesen werden. Da dieses Kriterium nur zu 50 % sicher klassifiziert, kann von einer Prävalenz von ca. 22–24 % bereits beim 18 Monate alten Kind ausgegangen werden. Diese Zahl deckt sich relativ gut mit den Prävalenzeinschätzungen von Weismer et al. (1994), die jedoch nur 23 zweijährige Kinder untersucht haben (Prävalenz: 17 %). Insgesamt sind generalisierte Aussagen zur Prävalenz von Spracherwerbsstörungen im Alter von zwei Jahren schwierig, da, wie bereits gesagt, die Erhebungsmethode teils problematisch, teils nicht nachvollziehbar ist. Größtenteils steht bei Erhebungen nicht die Frage der Prävalenz im Vordergrund, sondern die Frage nach der Prognose und den Indikatoren für eine Vorhersage.

8-Wort-Kriterium

Zeitpunkt 24 Monate Allgemein scheint es Konsens zu sein, dass die Zuschreibung „sprachentwicklungsgefährdet" zum Zeitpunkt zwei Jahre (und nicht früher) erfolgen soll; als Schlüsselkriterien gelten, dass das Kind in seiner expressiven Sprache weniger als 50 Worte spricht (angenommene Norm: 155 Worte) und keine Zwei-Wort-Kombination produziert (u. a. Kauschke 2003, Suchodoletz 2004). Gegen ausschließlich sprachlich-strukturelle Kriterien zur Beurteilung des Sprachstandes sprechen sich Zollinger (2000, 2004) und Szagun (2007) aus. Entscheidend sei das Verhalten, bezogen auf Kommunikation, das Spiel und Sozialverhalten, Aufmerksamkeit, Symbolverständnis und das emotionale Erleben des Kindes mit eventuellen Verunsicherungen in der Bindung zur Bezugsperson. Szagun (2007) meint, dass die Varianz der Normalität in der Sprachentwicklung zu groß sei, um zu fixen Zeitpunkten der Entwicklung des Kindes eine Grenze vorzunehmen, die spracherwerbsgestört von Late Talker trennt.

Zusammenfassung

Die Fülle der unterschiedlichen Einschätzungen zur Prävalenz mit jeweils unterschiedlichen Prämissen wird bei Suchodoletz zusammengefasst auf die Spannbreite 10–20% für Zweijährige. Er hält dabei die Untersuchungen von Rescorla (1989) und Doil (2002) für besonders aussagekräftig.

Zeitpunkt 36 Monate Welche Vorhersage lässt sich zu diesen Kindern ein Jahr später, also mit 36 Monaten treffen? Welche Kinder haben aufgeholt und welche Kinder überschreiten den Schritt von „sprachgefährdet" hin zu „sprachauffällig"? Eine Reihe von Studien (Übersicht in Suchodoletz 2004, 161 f) scheinen zu belegen, dass etwa 50 % der Late Talker als Late Bloomer („Aufholer" bzw. „Spätzünder") eingestuft werden. Dies sind Kinder, die von selbst den Entwicklungsstand erreichen und aufholen, ohne dass eine Intervention notwendig wäre. Hiervon ausgehend ist eine Prävalenz von 5–10 % im Alter von drei Jahren als Minimum ableitbar. Stellvertretend sind hier die Studien von Bishop/Edmundson (1987), Rescorla (2002) und Grimm/Doil (2000) zu nennen.

Prävalenz der „Aufholer" Nur wenige Studien zeichnen ein positiveres Bild des Aufholens. Whitehurst/Fischel (1994, N = 22) sowie Girolametto et al. (2001) rechnen mit etwa 85 % Aufholern. Andere Studien (Paul et al. 1997, Rescorla et al. 1997, Ward 1999, N = 122, Suchodoletz 2004, Geissmann 2011, N = 52) legen nahe, die 50 %-Einschätzung in die andere Richtung zu korrigieren: 66 % der Late Talker haben keine gute Prognose.

In der aktuellen Studie aus Late-Talker-Zürich (Geissmann 2011) werden Wortverständnis, Lautbildung und Wortproduktion als Prädiktoren identifiziert. Hiervon ausgehend ist eine Prävalenz von 7–14 % im Alter von drei Jahren ableitbar. Die Langzeitstudie von Rescorla et al. (1997) belegt eindrücklich, dass „Aufholen" langfristig betrachtet werden muss: Deutliche pragmatische Auffälligkeiten bei Kindern mit erkannten Startschwierigkeiten sind im Alter von 8–9 Jahren beobachtbar (z. B. weniger Fragen, seltenere Antworten).

Die Probleme bleiben im Jugendalter als Sprachverständnisdefizite bestehen. Conti-Ramsden et al. (2001) nehmen prognostisch die extremste Position ein: Wer mit sieben Jahren als sprachentwicklungsgestört erkannt wurde, wird mit einer Wahrscheinlichkeit von 90 % deutliche Sprachprobleme bis über das Jugendalter hinaus beibehalten. Auch Beitchman et al. (1996) stützen die These der schlechten Prognose durch Abwarten: Die bei Fünfjährigen festgestellten Sprachstörungen (N = 1655), die zur Prävalenzeinschätzung von 12,6 % führen, verlieren sich bis ins Erwachsenenalter nur in 25 % der Fälle. Laut Hall/Tomblin (1978) klagen 50–60 % der Erwachsenen mit früher diagnostizierten Sprachstörungen über Sprachprobleme; diese Zahl wird von Rutter et al. (1992) bei einer Befragung von 24-Jährigen bestätigt. Alle genannten dokumentieren den Faktor Persistenz bzw. belegen das Phänomen **„illusory recovery"**.

ungünstige Prognose

Insgesamt ist dem Ergebnis aus den Metaanalysen von Law et al. (2000) sowie Suchodoletz (2004) zuzustimmen, dass die Untergrenze auf 6 % als gesicherte Größe festzulegen ist. Bedenkt man den Faktor „illusory recovery", ist die Zahl um ein deutliches „Plus x" zu korrigieren. Trotz oberflächlicher Erfüllung einer „Sprachnorm" persistieren Sprachprobleme bis ins Erwachsenenalter.

persistierende Sprachprobleme

Die Persistenz wird auch bei Penner et al. (2005) nach Analyse von 24 Studien aus therapeutischer Sicht betont. Ein Aufholen zu einem verpassten Zeitpunkt (bei einem „geschlossenen Lernfenster") sei grundsätzlich in Frage zu stellen: Der Spracherwerb folge einem zeitlich koordinierten und hierarchischen Schritt-für-Schritt-Lernen. Ein Aufholen zum verpassten Zeitpunkt sei immer ein „Aufholen nur bis zu einem unteren Level" oder „Kompensation statt wirklichem Aufholen mit der Option des späteren Absinkens der (sprachlichen) Leistung bei erhöhten (schulischen) Anforderungen". Penner et al. (2005) berufen sich vor allem auf Stothard et al. (1998), Schakib-Ekbatan/Schöler (1995), Rescorla et al. (2000) und Beitchman (2001), also auf jene Studien, die bei einer Vielzahl der Late-Talker-Kinder dauerhafte Sprachprobleme ermittelten.

Konsens 36 Monate Nahezu alle Studien sind sich unabhängig von der Einschätzung des Grades an „Recovery" einig: Die Kinder, die nicht von selbst aufholen, haben dauerhafte Sprach- und Entwicklungsprobleme. Eine Festlegung auf 10 % erscheint sinnvoll.

Prävalenz bei Einschulung Für den Zeitpunkt der Einschulung gibt es eine Fülle von Untersuchungen, so dass wir für diesen Altersbereich Ergebnisse exemplarisch auswählen.

Es gibt vier deutsche Schuleintrittsuntersuchungen, die auf dem Bielefelder Modell basieren und dieselben Definitionskriterien für „Sprachstörung" festlegen (Stottern, Sprachentwicklungsstörung, Aussprachestörungen, Stimmstörung, Poltern, Dysgrammatismus, Sigmatismus, Näseln). Das Alter liegt jeweils zwischen fünf und sechs Jahren, Begleitdaten werden unterschiedlich erhoben (Berufstätigkeit Eltern, Bildungsstand, Herkunft, Inanspruchnahme der ärztlichen Kontrolluntersuchungen U1–U9, Verhaltensauffälligkeiten). Diese Studien könnten folgendermaßen zu einer Metaanalyse zusammengefasst werden:

- Einschulungsuntersuchung des Kinder- und Jugendärztlichen Dienstes in Schleswig-Holstein/Deutschland (2002): N = 29384, Querschnitt, Angaben über Anzahl Kinder in Behandlung oder für weitere Abklärungen zu überweisende Kinder
- Niedersächsischer Kindergesundheitsbericht, Deutschland (1996, 1999, 2000): N 1996 = 28928, N 1999 = 24839, N 2000 = 18495, Angaben zu laufender Therapie, Kontrolluntersuchung oder einzuleitender Behandlung
- Gesundheitsbericht über Kinder und Jugendliche, Märkischer Kreis (2005): Schuleintrittsuntersuchung 2004 flächendeckend, N = 5070, Querschnitt, Angaben zu Anzahl Kinder in Behandlung sowie Behandlungsbedürftigkeit
- Gesundheitsbericht Emden/Deutschland (2003): N = 574, Unterteilung in Schweregrade und Therapiebedarf oder bereits laufende Therapien

Gesamtprävalenz der Studien Die letztgenannte Studie ist keine flächendeckende Untersuchung. Der Gesamtumfang der vier gut vergleichbaren Untersuchungen beträgt N = 107290. Das zusammenfassende Ergebnis der vier Studien ergibt eine Prävalenzrate für Sprachauffälligkeiten bei Schuleintritt von 20 % aller Kinder eines Jahrgangs, wobei eine steigende Tendenz zu beobachten ist.

Dieses Ergebnis befindet sich im Einklang mit den Düsseldorfer Daten von Heinrichs (2003, 28 %) und den Erhebungen von Heinemann (1997, 23 %). Auch die epidemiologische Studie von Grimm et al. (2004) spricht von 30 % sprachauffälligen Kindern im Alter von 4,0–5,11 Jahren mit Muttersprache Deutsch. Ebenso fasst Fried (2006a, 45) die Rate im Alter von 5,5 Jahren mit 25–30 % zusammen. Insgesamt divergieren die Prävalenzzahlen damit nicht wesentlich. Repräsentative Zahlen aus epidemiologischen Studien für die Schweiz fehlen derzeit gänzlich. Hier bietet sich uns noch ein enormes Arbeitsfeld, welches in naher Zukunft angegangen werden muss.

Fazit zur Prävalenz

Auch wenn eine Fülle von Studien vorliegt, weist letztlich die Zuweisung eines bestimmten Status wie Late Talker, Late Bloomer, Sprachentwicklungsstörung, Spezifische Sprachentwicklungsstörungen, kindliche Sprechrhythmus- und Stimmstörungen im Vorschulalter zu einer bestimmten Prävalenzzahl einen doppelten Unsicherheitsfaktor auf (Abb. 8). Die „Unbekannten" in der Prävalenzrechnung heißen Entwicklungsvarianz (Korrektur der Zahlen nach unten) und illusory recovery (Korrektur der Zahlen nach oben). In jedem Fall müssen Familien beraten und gestärkt sowie Beobachtungsstationen für Kinder geschaffen werden.

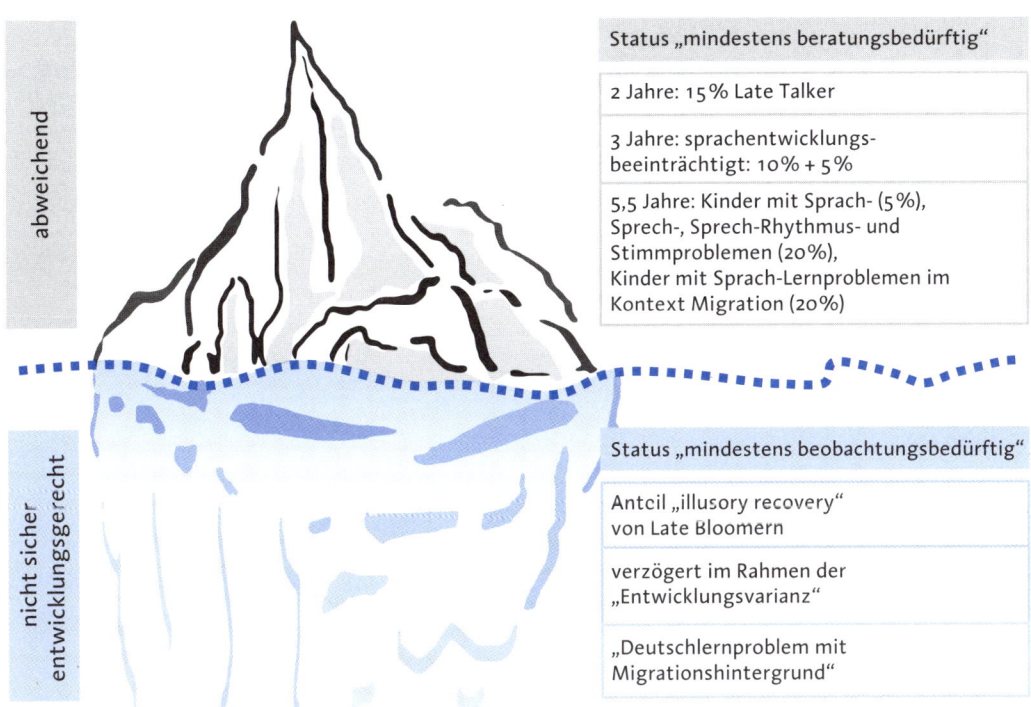

Abb. 8: Zusammenfassung der Prävalenz zu relevanten Zeitpunkten im Eisbergmodell

Zusammenfassung

Aus den Prävalenzzahlen ergibt sich ein klarer Auftrag zur Prävention im Kontext Sprachlichkeit. Es scheint teils unklar zu sein, ob dies ein therapeutischer, pädagogischer oder ein pädagogisch-therapeutischer sein soll (mit entsprechender Kompetenzausstattung für unterschiedliche Professionen bzw. Institutionen). Wir plädieren hier für eine pädagogisch-therapeutische Auftragsdefinition mit klarer Aufgabenteilung (Kompetenzhoheit) und einem Bekenntnis zur Kooperation (Kompetenzüberschneidung). Präventionsarbeit – und dies ist im Kontext Sprachlichkeit auch nicht anders – heißt Schnittstellenarbeit.

In der Ausbildung zur Logopädin/Sprachtherapeutin sollten Angewandte Soziologie und gesetzliche Grundlagen einen Platz haben. Praktisch Tätige sollten einen Sinn dafür entwickeln, dass eine Angebotsplanung für Prävention institutionell definiert und verankert werden muss. Die Logopädin ist sensibilisiert dafür, dass diese Definition von politischen Rahmenbedingungen abhängt und dass sie selbst (mehr) Klarheit in ihrer Institution einfordert. Präventionsarbeit bleibt anderenfalls einem undefinierten, unkoordinierten Engagementpool überlassen.

Über Zahlen zur Prävalenz kann man sich streiten – man kann sich aber nur streiten innerhalb einer durch die umfangreiche internationale Literatur fixierten Brandbreite bzw. Mindestmarge. Ansonsten müsste man eine Entwicklungsvarianz ohne Grenzen annehmen. Es kann keinen Zweifel geben, dass man in einem bestimmten Umfang institutionalisiert verankert handeln muss. Prävalenzzahlen sind Aufforderungen zu Handlungen: beobachten – befragen – beraten – koordinieren – begleiten – bestärken – anleiten.

4 Voraussetzungen und Zielgruppen für eine logopädische Gesundheitsförderung und Prävention

In diesem Kapitel geht es um Planung, Umsetzung und um den Themenkreis Migration als besonderer Fokus der Gesundheitsförderung und Prävention.

4.1 Relevante Zeitpunkte für Gesundheitsförderung und Prävention

In Kap. 3.3 haben wir betont, dass die Frage

- Wie viele sprachgefährdete/sprachbeeinträchtigte Kinder gibt es? ungeeignet ist und ersetzt werden muss durch die Frage
- Wie viele sprachgefährdete/sprachbeeinträchtigte Kinder gibt es zu den relevanten Zeitpunkten 24 Monate, 36 Monate und ein Jahr vor der Einschulung?

Dies sind dann auch die Zeitpunkte für Beobachtungen und Befragungen, die zu Entscheidungen für unterschiedliche Formen von Angeboten (Beratung, Förderung, Therapie) führen.

Zusammenfassung

Bringt man die Ergebnisse der Prävalenzforschung auf den Punkt, so ergibt sich die Formel für jeweils einen Jahrgang 15 – 10 – 5 – 45 – X. Die Stationen dieser Formel sind:

- **15 %** – Zeitpunkt 2 Jahre: 15 % aller Kinder sind sprachentwicklungsgefährdet (Late Talker), diese Kinder sind zu beobachten und allgemein zu fördern, Eltern sind zu unterstützen. Die Aktionen hier sind Teil einer Gesundheitsförderung. ▼

> - **10% (+5%)**: ca. ein Drittel der Kinder holt im Entwicklungsschritt von 2 auf 3 Jahre auf (Late Bloomer), zwei Drittel aber nicht, diese Kinder sind genauer zu beobachten. Aktionen gehen über eine allgemein gehaltene Gesundheitsförderung hinaus, da wir es mit einer definierbaren Risiko-Zielgruppe zu tun haben. Das Hinzuziehen einer Fachperson (Logopädin) ist erforderlich; präventive Maßnahmen im Spannungsfeld zwischen Kind, pädagogischer Institution und Elternhaus sind zu planen. Eltern mit dem Hintergrund einer Benachteiligung sollten nicht nur beraten, sondern auch entlastet werden. Zur Zahl 10% rechnen wir **+5%** für Kinder mit Migrationshintergrund hinzu, da hier eine besondere Gefährdung besteht.
> - **5%** – Zeitpunkt Schulkarriere: Mit dem momentanen Maßnahmenangebot für kleine Kinder und deren Eltern kann erwartet werden, dass mindestens 5% eben der Late Talker, die nicht aufholen, dauerhafte Probleme, u. a. mit dem Lesen und Schreiben haben (LRS).
> - **5% + 20% (+ 20%)** – Zeitpunkt ein Jahr vor Einschulung: Zu den Kindern, die eben nicht von selbst aufholen und umfassende Sprachentwicklungsprobleme haben, kommen weitere Kinder mit einer nur leichten Sprech- oder Sprachproblematik dazu. Vor dem Hintergrund Migration erhöht sich diese Zahl um bis das Doppelte **(Zahl X)**.

Prozentangaben als Planungsgrößen

Das Bildungs- und Gesundheitswesen sollte sich auf die angegebenen Zeitpunkte mit jeweils unterschiedlichen Angeboten konzentrieren. Ein individualisiertes Vorgehen erscheint sinnvoll, und die Verantwortung sollte im Bildungssystem liegen: Der Verbund von Kindertagesstätten und Schulen vor Ort sollte individuelle Konzepte erarbeiten, welche die Schulung des pädagogischen Personals, Einzelsetting, Empowerment der Eltern, befristetes Therapieangebot ab drei Jahren (intervallmäßiges Vorgehen bei hoher Intensität), Gruppenangebote, kooperative Beratung im Gesamtteam umfassen. Die einzelnen Aktivitäten verursachen unterschiedliche Effekte und unterschiedliche Kosten.

vielfältig und individuell

Wichtig erscheint ein vielfältiges Angebot; eine Konzentration auf ein Mehr an Einzeltherapie ist eher nicht gefragt. Es gilt sogar der Umkehrschluss: Eine Ausschließlichkeit der Einzeltherapie, ein fehlendes Empowerment der Eltern, später Beginn (ab 5,5 oder 6 Jahren), Therapie als Daueraktion einmal pro Woche mit Ausfällen bei Krankheit, Ferien usw., unspezifische Gruppenangebote, die Therapeutin und die Lehrperson als „Einzelkämpferinnen" werden nicht zielführend sein. Für Prävention und Therapie gilt gleichermaßen: Beide sind befristete Angebote mit klarer Zielgruppeneingrenzung, definiertem Zeitpunkt, klarem Ziel, operieren mit einer nachvollziehbaren Dokumentation, suchen Kooperation und Kommunikation, schaffen Transparenz für alle Beteiligten und ziehen eine Bilanz mit einem kompetenten und gleichzeitig für Laien nachvollziehbaren Bericht nach einem halben Jahr. Dieses Qualitätskonzept für Prävention und Therapie sollte individuell bzw. flexibel in den Institutionen erarbeitet werden.

Im Folgenden sehen wir uns die Zeitpunkte genauer an und schlagen konkrete Empfehlungen für die Planung vor. Allgemein gilt: Wenn ein Kind Sprachprobleme zeigt, sich die Eltern oder das Umfeld Sorgen machen und evtl. zudem eine familiäre Belastung besteht, ist eindeutig Anlass gegeben, die Sprach- und Gesamtentwicklung zu klären. Dies gilt umso mehr, je stärker sich Defizite auch im sprachlich-rezeptiven Bereich zeigen, da hier der Verlauf als hartnäckig gesichert ist. Beratung, Abklärung und frühe Begleitung gehören in fachkompetente (logopädische) Hände (Braun et al. 2007).

Logopädie ist gefragt

Es ist von einem logopädischen Beratungsbedarf auszugehen, der bei *15 % der Kinder eines Jahrgangs* liegt. Beratung bedeutet Erfassung von Risikofaktoren, Aufklärung, Beobachtung des betroffenen Kindes sowie Begleitung und Bestärkung der Familie mit einem als Late Talker eingeschätzten Kind, die Koordination der Informationen und Wiedervorstellung nach einem Dreivierteljahr. Interventionsangebote sollten dann zwischen dem zweiten und dritten Lebensjahr realisiert werden können.

Ressourcenbereitstellung Zeitpunkt 24 Monate

Die von uns aus der Literatur generierte Prävalenzzahl bei Dreijährigen ist zwei Drittel der Late Talker eines Jahrgangs. Unter Hinweis vor allem auf bleibende Probleme in den Bereichen Sprachverständnis und Pragmatik bis ins Jugend- und Erwachsenenalter, sowie unter Verweis auf einen noch unbekannten Anteil an Kindern, die den Sprung vom Late Talker zum Late Bloomer zunächst schaffen, dann aber doch deutliche Schulprobleme zeigen („illusory recovery", Kauschke 2003, 153, Penner et al. 2005), ist die Angabe 10 % der Kinder eines Jahrgangs mit spezifischer Sprachentwicklungsstörung im Alter von drei Jahren sehr realistisch. Grimm (2003a, 75) nennt ihre Prävalenzzahl von 8 % eines Jahrgangs eine „konservative Schätzung", die sich mit unserem Ergebnis gut in Einklang bringen lässt. Auch die Zahlen von Suchodoletz (2004) und Blanton (1916) mit 6 % ohne Einberechnung jener Kinder, die später pragmatisch auffällig sind, lässt sich mit den hier postulierten 10 % vergleichen (Fried 2006b, 45: 5–10 %).

Ressourcenbereitstellung Zeitpunkt 36 Monate

Beratung und Abklärung gehört, gerade im entscheidenden Alter von drei Jahren, in professionelle (logopädische) Hände. Wenn das Postulat von Bishop / Edmundson (1987) gilt, dass die Kinder, die mit fünfeinhalb Jahren ihre Sprachschwierigkeiten überwunden haben, eine gute Prognose für den weiteren Verlauf haben und wir die doch eindeutig belegte starke Persistenz auf der anderen Seite sehen, ist eine intensive Therapie im Alter

frühe Sprachtherapie

zwischen dreieinhalb und fünf Jahren zu fordern. Sollte sich die Lernfenster-These von Penner et al. (2005) bestätigen, wäre dieser in der jetzigen Praxis frühere Zeitpunkt auch zu spät. Ganz sicher ist: Ein Therapiebeginn im Alter von fünfeinhalb oder sechs Jahren mag für leichte Aussprachestörungen noch erfolgreich sein, für gravierende Sprachentwicklungsprobleme, die Folgeprobleme nach sich ziehen, ist dies definitiv zu spät. Eine kindzentrierte Förderung mit Anleitung der Eltern bringt nachweislich Erfolge (Huntley et al. 1988).

Ressourcenbereitstellung Zeitpunkt 5 Jahre

Die Prävalenzzahlen im Alter zum Schuleintritt werden aus drei Quellen gespeist: Erstens sind es Kinder mit von Beginn an deutlichen Spracherwerbsstörungen, zweitens jene Kinder, die nur vorübergehend aufholen (Theorie der „illusory recovery", Kauschke 2003, 153, Penner et al. 2005), drittens kommen Kinder mit leichteren Sprach- und Sprech- sowie Redeflussstörungen hinzu. So wird zunächst von 15 % der Zweijährigen, 10 % der Dreijährigen, aber 20–30 % der Fünf-Sechsjährigen gesprochen. Mit dem Wissen darum, dass bestehende Sprachprobleme bei der Einschulung weiter persistieren und zu schwerwiegenden Einschränkungen in der schulischen Karriere der betroffenen Kinder führen, kann es für die Gesellschaft keineswegs ökonomisch sein, Kinder erst im Alter von fünf-sechs Jahren zu erfassen und zu behandeln, da diverse, bereits diskutierte Studien bewiesen haben, dass eine frühe Erfassung und Intervention die Prävalenzrate erheblich senkt und die Prognose verbessert (Ward 1999, Weismer et al. 1994).

Planungszeitraum der Therapie

Eine Bedarfsplanung anhand der geschätzten Prävalenz im Alter kurz vor Einschulung erscheint uns nicht sinnvoll, da ja die Maßnahmen im Alter von zwei und danach im Alter von drei bis viereinhalb Jahren zur Erprobung anstehen und bei einer Realisierung die Anstrengungen in diesem Altern reduzieren. Bei Sprechstörungen kann aus therapeutischer Erfahrung davon ausgegangen werden, dass ein Jahr in der Regel ausreichend ist, mit begleitenden myofunktionellen oder perzeptiven Störungen kann die Therapie etwas länger dauern. Bei komplexen SSES ist ein Aufholen zu einem so späten Zeitpunkt nicht mehr möglich.

Fazit

Eine Zuweisung bzw. Entscheidung für **regulär** versus **gefährdet** für die Entwicklungsverläufe hin zur Sprache ist möglich. Wenn dies so ist, sollte man nicht nichts tun und auch nicht lange abwarten; vielmehr sollte man das Richtige zu den richtigen Zeitpunkten tun. Der Anteil der Kinder, bei dem Abwarten sinnvoll ist, da die Entwicklung von selbst den Rückstand (bis zum dritten Lebensjahr) aufholt, ist sicher geringer als bisher angenommen. Das heißt, zwischen dem zweiten und sechsten Lebensjahr sind Kontrolle, Abklärung, Beratung/Empowerment, Förderung und Therapie gefragt.

Suchodoletz (2004, 175) fasst zusammen:

„Insgesamt sprechen die bisherigen Längsschnittstudien dafür, dass auch leichtere Sprachentwicklungsstörungen bis ins Erwachsenenalter hinein persistieren können und dass kognitive Probleme, Lernstörungen und Beeinträchtigungen der beruflichen Entwicklungschancen bei Kindern mit persistierenden Sprachstörungen den langfristigen Verlauf prägen. Sprachentwicklungsstörungen sind ein hohes Risiko für spätere sozioemotionale Dysfunktionalität".

Die Möglichkeiten der dreifachen Routineerfassung (kompletter Jahrgang mit zwei, gefährdete Kinder mit drei, kompletter Jahrgang mit ca. fünf Jahren), der Beratung mit Empowerment der Eltern, der Frühintervention als pädagogische Förderung und gezielter Therapie sollten vor dem Hintergrund drohender Langzeitfolgen aus ethischen und volkswirtschaftlichen Gründen unbedingt genutzt werden.

4.2 Gesundheitsförderung und Prävention in der Logopädie: State of the Art

Zwei sehr gute Übersichten zum State of the Art liegen mit Schlesiger / Mülhaus (2011) sowie Siegmüller / Fröhling (2010) vor. Das erstgenannte Buch fasst den Wissensstand für Interessierte aus der Elternperspektive zusammen und nennt u. a. Eckpfeiler für eine normgerechte Entwicklung, für sprachförderndes Verhalten und führt ein Plädoyer für den Hinzuzug von Fachpersonen (Logopädinnen, Sprachtherapeutinnen). Das zweitgenannte Werk führt sehr gut in die Bedeutung der Sprachlichkeit im Kontext Bildung ein und präsentiert ein schlüssiges Konzept für den Kindergartenalltag. Die Leitlinien (118 f) sind grundsätzlich relevant für Projektrealisierungen im Themenkreis Gesundheitsförderung und Prävention. Die Erzieherin hat hierbei eine federführende Rolle in der alltagsnahen, inputorientierten Sprachförderung, und ein Austausch mit einer Logopädin wird lediglich bei Kindern mit Sprachtherapiebedarf angeregt.

Das Thema Prävention wird in der Logopädie vor allem von der praxeologischen Seite her bearbeitet. Es gibt eine Fülle von neueren Fachartikeln, die Konzepte offerieren, z. B.

praktischer Zugang

- für eine sehr frühe Erfassung (Wermke 2008, Schelten-Cornish / Wirts 2008, Hecking / Schlesiger 2010 sowie Buschmann / Jooss 2011);

- für eine frühe Intervention (Buschmann et al. 2010, Wiedemann-Mayer/Maier 2009 sowie Bogner et al. 2010), hier spielen Logopädinnen teils (nur) als Instruktorinnen oder als Beratende im Hintergrund eine Rolle;
- für die Konkretisierung der interprofessionellen Zusammenarbeit (z. B. Albers 2010, Schrey-Dern/Trost-Brinkhues 2010, Braun/Steiner 2009).

Alle stellvertretend genannten Beiträge wären daraufhin zu prüfen, welche Rolle Logopädinnen zugewiesen wird und ob andere Professionen (pädagogische Fachkräfte wie Erzieherinnen, Psychologinnen, Heilpädagoginnen usw.) unterstützend, als Partner oder in der Führungsrolle kooperieren bzw. gänzlich alleine handeln.

Tendenzen in der Praxis

Uns scheint, dass die praxeologische Diskussion in Richtung Deprofessionalisierung (Logopädie) und Überfrachtung (pädagogische Fachkräfte) tendiert: Die Erzieherin soll sprachliches Vorbild, kompetente Fachperson für Sprachstandserfassung, für die Erstellung individueller und kollektiver Förderpläne und Beraterin der Eltern sein.

Wenn die praktische Kompetenz der Logopädie sowohl im Bildungs- als auch im Gesundheitssystem gefragt ist, Gesundheitsförderung und Prävention grundsätzlich als kooperativ-interprofessionelle Aufgabe verstanden werden und eine klare Kompetenzgrenze gezogen wird, wenn es um Diagnostik geht, ist schon viel gewonnen.

Prävalenz

Die Größenordnung für Late Talker, Late Bloomer und sprachentwicklungsgefährdete oder -beeinträchtigte Kinder hat in einem Intervall von 5–10 % Konsens auch in der Ärzteschaft und bei Entscheidungsträgern. Ein frühes Einschätzen der Kinder über Befragung und Beobachtung wird von fachlicher Seite vorangetrieben und von Entscheidungsträgern gefordert. Wie der Begriff „früh" in einem institutionalisierten Ablauf festzulegen wäre, ist allerdings teils noch strittig.

Migration

Es ist klar, dass wir uns vom Bild des „Gastarbeiters", der wieder in seine Heimat zurückkehren wird, verabschiedet haben. Der Wandel der Perspektive hat auch den Sprachgebrauch (hier am Beispiel der Diskussion in der Pädagogik) verändert: Nach 1970 heißt es unter defizitärer Perspektive **Ausländerpädagogik im Rahmen der Sonderpädagogik**. Nach 1990 sind **Differenz und Heterogenität** die passenden Stichworte, ab 2000 spricht man von **Diversität**. Heute sind wir bei **kultureller Vielfalt im transnationalen Raum** angekommen (Edelmann 2009). Sowohl Deutschland als auch die Schweiz und Österreich sind Länder in interkultureller Bewegung. Im Gegensatz zur Normalität von Migration besteht eine große Wissenslücke hinsichtlich IST-Stand des Abklärungs- und Therapiebedarfs; es wird eher allgemein von **Förderung für alle Migrantenkinder** ausgegangen.

Diagnostische Tools, die sprachvergleichend herangehen und Beobachtung und Befragung zusammenbringen, müssen erst noch erarbeitet werden. Das gleiche gilt für migrantengerechte Beratungskonzepte und Elterntrainings; hier gibt es gute und etablierte Konzepte der Frühförderung, die teils nur indirekt Sprache und Kommunikation ins Zentrum rücken. Die Ausführungen von Lin (2008, 2004, 1998), Frigerio (2010) und Kreutzmann (2009, 2008) sind deshalb eher so zu verstehen, dass sie zur weiteren Auseinandersetzung und Arbeit aufrufen und zunächst einmal die Basis-Aspekte Respekt, Würde, Aufeinander-Zugehen usw. betonen. Wichtig erscheinen uns Multiplikatorenmodelle, d. h. eine weitergebildete zweisprachige Mutter leitet eine Gruppe, die beobachtet, sich instruiert und sich austauscht.

migrantengerechte Förderkonzepte

Adressen mehrsprachiger Logopädinnen können in Deutschland abgerufen werden unter *www.dbl-ev.de*.

Virtuelle Plattform Prävention
Für Information, Austausch und Kontakt steht die virtuelle Plattform der Interkantonalen Hochschule für Heilpädagogik in Zürich zur Verfügung: *www.logopaedieundpraevention-hfh.ch*. Als „lebendiges, sich anpassendes" Medium kann die Plattform der Dynamik und Teilhabe gerecht werden.

4.3 Das interprofessionelle Team: Voraussetzungen und Prozess

Wer im Kontext Prävention arbeitet, hat die Aufgabe, eine vernünftige Zusammenarbeit im Netzwerk pädagogischer Fachkräfte, Eltern, Kinder, relevanter Professionen von außen und therapeutischer Fachkräfte zu sichern. Die jeweilige Institution regelt, wer, mit wem, wozu, was, wie, wie oft, wie lange, wo im Geflecht von Bildung, Förderung, Therapie zu tun hat und weist den verschiedenen Professionen klare Ressourcen und Aufgabenbeschreibungen zu. Die Regelungen betreffen aus Sicht der Logopädin die Schaffung von Klarheit in den Aufgabenbereichen Befundung, Beratung, Förderung, Unterrichtsmitgestaltung, Therapie, Dokumentation, Evaluation, Statistik, Teamkommunikation, Supervision und Öffentlichkeitsarbeit (Amft et al. 2009). Die Schule hat hier eine Schlüsselrolle.

Schule als Strukturgeber

Kompetenzüberschneidungen

In Kap. 1 wurden bereits Kompetenzhoheit und Kompetenzüberschneidung angesprochen. Hoheits- und Überschneidungsbereich sind eine Frage der Definition der jeweiligen Profession. Hierzu machen wir folgenden Vorstoß:

- Die Pädagogin ist Expertin für Bildung im Kontext der Gesamtentwicklung, wissend, dass Sprache das entscheidende Element ist für die Auseinandersetzung mit Kultur einerseits und für das Gestalten von Beziehungen andererseits. Sie ist deshalb um sprachlich-kommunikative Fähigkeiten der Kinder bemüht und besorgt.
- Die Logopädin ist Expertin für Hilfen im Kontext einer erschwerten Sprach- und Kommunikationsentwicklung, wissend, dass die Ziele Chancengleichheit und Ermöglichung einer Bildungslaufbahn heißen. Sie ist deshalb über strukturelle Aspekte hinaus um Funktionalität und Transfer der Therapieergebnisse bemüht und besorgt.
- Die Pädagogin und die Logopädin kooperieren eng mit den Eltern.

Wenn dies so ist, dann muss es Zeit und Raum für gemeinsames Sich-Zuarbeiten, Planen, Handeln, Reflektieren und Resümieren geben.

Logopädin in der Klasse

Grundsätzlich kann eine fallbezogene von einer fachbezogenen Kooperation unterschieden werden (Kempe 2010). Wenn der „Fall" im Vordergrund steht, fungiert die Logopädin als Begleiterin, als Transfermanagerin, als „Anwältin" des entwicklungsgefährdeten Kindes für die Referenzgruppe oder für das Team. Wenn die Gruppe (Klasse) in den Vordergrund rückt, geht es um ein fachliches Angebot für alle: z. B. um Stützung der Funktionen, die die Sprachlichkeit bedingen, metasprachliche Betrachtungen, Analyse und Synthese, mit Sprache spielen, handeln, planen oder um Regeln des kommunikativen Miteinanders. Je spezifischer die Probleme, je mehr Förderbedürfnisse ein Kind braucht, je jünger und zurückhaltender das Kind, desto mehr muss ein spezifisches Einzelsetting mit Elternbegleitung vorgezogen werden.

Möglichkeiten der Kooperation

Die Formen der Zusammenarbeit hängen davon ab, wie jeweils die Verantwortlichkeiten / Aufgaben geregelt sind:

- eine Person führt, eine beobachtet,
- eine Person führt, eine hilft,
- Stationenunterricht,
- Parallelunterricht,
- niveaudifferenzierter Unterricht,
- Zusatzunterricht,
- Team Teaching mit gemeinsamer, abwechselnder Führung,
- Einzelförderung in der Gruppe.

Grundsätzlich gilt: Damit ein Team nicht nur arbeitsfähig, sondern erfolgreich ist, braucht es institutionelle Rahmenbedingungen (als Gesamtkonzept) und eine Teamkultur (als Feinstruktur). Der erste Punkt ist eine Frage der Organisationsentwicklung, der zweite ist eine Frage des interpersonellen Miteinanders.

Erweiterung des Blicks

Es ist wichtig, dass Prozesse, Strukturen und Ziele im Themenkreis Gesundheitsförderung und Prävention in der Institution konkret in ideeller Form (Leitbild der Institution) und in materieller Form (Zusicherung von Ressourcen wie Zeit, Geld, Raum, Kompetenzen) verankert sind. Die Institutionsleitung tauscht sich regelmäßig mit dem Team, Teilen des Teams oder mit der Teamleitung hierüber aus.

Teil und Ganzes

Die nachfolgende Übersicht markiert einige Eckpunkte der Zusammenarbeit unter **Qualitätsdimensionen**. Die Punkte sind individuell für die jeweilige Institution, für das jeweilige Team zu modifizieren oder zu erweitern. Merkmale von Qualität im interprofessionellen Team mit dem Fokus Gesundheitsförderung und Prävention sind bezüglich der Dimensionen:

- **Struktur:**
  - Es existieren ein Leitbild sowie institutionell festgeschriebene Konzepte mit definierten Zeit-, Raum- und Rahmenbedingungen für den interprofessionellen Auftrag für Gesundheitsförderung und Prävention.
  - Für die Sicherstellung der Kooperationszeit gibt es eine entsprechende Entlastung in Routinetätigkeiten.
  - Es gibt eine Kultur des „runden Tisches".
  - Die Stellenbeschreibung für jede einzelne Profession benennt die Kompetenzhoheit.
- **Prozess:**
  - Die Kommunikationsabläufe im Miteinander von Eltern, Kindern, Pädagogen und Therapeutinnen sind geregelt.
  - Die Hierarchie, z. B. eine rotierende Leitung des runden Tisches, sowie die Kompetenz zur Entscheidung sind geregelt.
  - Es existiert ein einheitliches und verstehbares Dokumentationssystem.
- **Ergebnis:**
  - Es gibt gemeinsame Ziele für Gesundheitsförderung und Prävention, welche die Entscheidungen leiten.
  - Die Betroffenen sind bei der Zielfestlegung und -überprüfung beteiligt.
  - Es gibt eine gemeinsame Vorgehensweise zur Evaluation; Standards für jede Profession und für das Team dienen zur Einschätzung des Erfolges.
  - Die Ziele werden nach außen kommuniziert.

Mit solchen Struktur-, Prozess- und Ergebnisvorgaben wird ein Gelingen für das Team wahrscheinlicher.

Präventionspraxis und Strukturen

In der Präventionspraxis sollten die Verantwortungsschwerpunkte der Akteure (des Teams) im Rahmen der Institution geklärt sein. Beide Seiten stellen sich den Fragen: Haben Planende, Durchführende, Bewertende

- **Zustimmungsrecht** (Partizipation als Nachvollzug)? Dann wird der Vorschlag für präventive Maßnahmen von Externen präsentiert, es findet eine Anhörung/Information statt mit dem Ziel des Nachvollzuges.
- **Konsultationsrecht** (Partizipation als Austausch)? Dann werden mehrere Varianten von präventiven Maßnahmen von Externen präsentiert, die Akteure sind zur Diskussion eingeladen, nach der von Externen Modifikationen vorgenommen werden. Die Varianten werden reduziert und in einem neuen Verfahren zum Beschluss im Konsens vorgelegt.
- **Entscheidungsrecht** (Partizipation als Machtzuweisung)? Dann wird die Entwicklung von gesundheitsfördernden/präventiven Maßnahmen von Auftraggebern (Institutionen) an Akteure vergeben mit Ressourcenzuweisung bereits in der Konzeptionsphase. Die Akteure laden zur Diskussion ein, nach der von ihnen Modifikationen vorgenommen werden. Für die Konzeption wird ein Beschluss im Konsens gefasst, der die Zuweisung von Ressourcen einschließt.

Es ist klar, dass zwischen Zustimmungsrecht, Konsultationsrecht und Entscheidungsrecht Qualitätssprünge liegen.

erfolgreiches Team

Ein gut funktionierendes Team ist das Ergebnis einer Synchronisation im Innen und im Außen. Synchronisation heißt, vom „Ich-Modus zum Wir-Modus" (Bollier 2011) zu gelangen. Es entsteht ein Denk- und Handlungskollektiv mit einer Klarheit an Regeln (Janz 2008) einerseits und einem Kreativitäts- und Chaospool für Entwicklungen andererseits. Die wesentlichen interagierenden Merkmale des erfolgreichen Teams sind umschrieben mit zielorientiert, reflektiert, fokussiert, kreativ und kommunizierend (Abb. 9). Dabei haben heterogene Teams (Alter, Geschlecht, kultureller Hintergrund usw.) prinzipiell einen Vorteil durch die Tendenz zur Vielfalt und zum Diskurs.

Schritte zum Erfolg

Der Prozess hin zum erfolgreichen Team kann durch vier Punkte umschrieben werden:

1. **Kompetenztransfer:** Jedes Teammitglied stellt Basics seiner Handlungsgrundlage und tatsächlichen Praxis sowie Tools allen anderen Professionen im Team zur Verfügung (**role extension**).

2. **Differenzminderung:** Das Team tauscht sich über Sichtweisen, Einstellungen, Prämissen und Erwartungen aus und sucht das Gemeinsame (**Kohäsion**).
3. **Inputbereitschaft:** Das Team sucht den Impuls von Außen durch Fortbildungen und Coachings zum Thema Teamarbeit (**äußeres Stütz-System**).
4. **Kommunikationspflege:** Das Team plant, diskutiert, beschließt, dokumentiert, kontrolliert und würdigt Schritte der Zielerreichung; es herrscht eine Kultur der Entscheidung für die adäquate Form des Austausches: E-Mail, Sitzung, Kurztreff, Telefonkonferenz usw. (**Kontaktstationen**).

Abb. 9: Merkmale eines funktionstüchtigen interprofessionellen Teams

Vom Team ausgehend soll nun ein Blick auf das einzelne Teammitglied geworfen werden. Ein wesentlicher Teil der Arbeit konzentriert sich auf Information und Beratung und nur für eine engere Zielgruppe auf Coaching und Training.

Aufgaben im Team

Bei der Information für Zielgruppen spielen moderne Medien, wie z. B. das Internet, aber auch Print- und Filmmedien eine große Rolle. Das ist auch für den Fokus sprachlich-kommunikative Entwicklung nicht an-

Information

ders. Für den Einsatz von Medien gelten nach Bühler/Kröger (2006) folgende Regeln:

- Die Information muss breit gestreut werden.
- Informationen, die empowern, tendieren eher zur Annahme als Informationen, die warnen.
- Es ist sinnvoll, mit Beispielen und starken emotionalen Bildern zu operieren.
- Vorsicht beim Einsatz von Humor oder Ironie.

Unsere Tools auf dem Multimediadatenträger orientieren sich stark an diesen Grundsätzen.

Beratung Ein wichtiger Auftrag der Beratung ist, implizite Prämissen, Einstellungen und Ressourcen explizit zu machen und Handlungsspielräume anzuschauen. Dies gelingt mit der Maxime **Beobachten vor Bewerten**. Deshalb ist die Frage der Beraterin eher „wie?" und weniger „warum?". Zum Beobachten anregen und darüber sprechen führt zu Wertschätzung und Würdigung, die Mut zur Änderung machen. Wenn Eltern allerdings sehr unsicher sind, kann es auch sinnvoll sein, die offene Position **Beobachten und Wahlmöglichkeiten erweitern** zu verlassen und die eher geschlossene Position **sichere Führung und Reflexion** zu wählen.

Die Beraterin sollte sich in diesem Kontinuum frei und kreativ bewegen. Auch eine Kombination ist denkbar: Eine Offenheit im Gespräch wird ergänzt durch die Konkretheit in einem Beispiel (Sprachförderfilm „Mit Kindern sprechen und lesen. Sprache kitzeln" auf dem Multimediadatenträger).

Letztlich soll ein Empowerment in die Zuversicht in meine eigene Person münden. Dieses Gefühl/dieses Erleben geht über ein bloßes Informiert-Sein hinaus. Die Zuversicht führt zu Neudefinitionen, zum begleiteten Erproben von Neuem und zu einem begleiteten Resümee. Eine Beratung stärkt als Befähigung zur Selbstbefähigung den „Eigen-Sinn" des Systems Lebenspraxis der Zielpersonen (Hafen 2007, 258 f). Die klassischen Schritte der Beratung sind:

- Beobachtung und Analyse unter Beachtung scheinbar nebensächlicher Details. Ziel: **Muster erkennen.**
- Zusammenfassung der Beobachtung, Neuentdeckungen herausstellen, entstressen und ermutigen. Ziel: **Reduzierung der Komplexität.**
- bereits Gelingendes als explizites Wissen und bewusstes Handeln herausstellen und Schlussfolgerungen für Einstellungen und Handlungen ziehen. Ziel: **individuelle Optionen bewusst machen.**

- unter wohlwollender Begleitung Handlungen erproben, Beziehungen gestalten und dabei eigene Fähigkeiten wahrnehmen. Ziel: **positive Wege aufzeigen, erfahren und festigen.**
- alleine weiter handeln mit Beratungsstationen oder einer „Beratungs-Hotline". Ziel: **Übergabe der Verantwortung mit befristeter Begleitung.**

In diesem Ablaufplan werden Ressourcen betont. Eine so angelegte Beratung stärkt die personalen Ressourcen, und diese Stärkung hat einen Strahlungseffekt auf strukturelle Gegebenheiten. Diese Schritte spiegeln sich auch in dem Konzept „Zürcher Impuls Elterliches Sprachförderverhalten" (Kap. 5.2) wider.

Möglicherweise sollte man sich in Sachen Wirksamkeit auf kleinere Teilprojekte konzentrieren und weitere additiv als Gesamtschau zusammenfügen. Wer Aktionen oder Wirkungen im Bereich Gesundheitsförderung / Prävention denkt, muss sich von der Linearität verabschieden. In einem System interagierender Netzwerke ist es unwahrscheinlich, dass wir einzelne Faktoren linear kontrollieren können.

Wirksamkeit und Komplexität

> „Die enorme Komplexität, mit der die Prävention bei der Durchführung ihrer Maßnahmen immer wieder konfrontiert wird, bedeutet für die strategische Planung von umfassenden Programmen, dass die Differenz von Wünschbarem und Machbarem laufend reflektiert werden muss." (Hafen 2007, 290)

Wenn es darum geht, Eltern, Kinder, Klienten ins Zentrum zu rücken, um Bezüge zu verstehen, Analysen zusammenzutragen, Ziele zu formulieren und Angebote, Abläufe, Schwerpunkte zu synchronisieren, eine transparente und gleichermaßen verstehbare Dokumentation zu schaffen und eine Bilanz vor dem Hintergrund eines kooperativen Ziels zu ziehen, dann ist der erste Schritt, eigene Kompetenzen als **Dienst für das Team** zu formulieren und eine Neugier für die Kompetenz der anderen Professionen zu pflegen. Wenn Kompetenzhoheit gewahrt und Kompetenzüberschneidung abgestimmt und gestaltet wird (Kap. 1), setzt dies erst einmal ein ausreichendes Wissen um die Kompetenzen der anderen Professionen voraus.

Netzwerkzentrum

Neben Wissen geht es auch um Wertschätzung: Es geht darum, Kolleginnen als **bedeutsam** zu erleben und den Prozess selbst mit Bedeutsamkeit zu beleben. Dies wäre der erste Schritt einer Teamkommunikation. Leider mangelt es in der Praxis immer noch an der Grundressource Zeit; Absprachen und Austausch erfordern einen koordinierten „runden Tisch" und sind in Tür-und-Angel-Gesprächen nicht zu leisten.

Zeit für Kommunikation

Zusammenfassung

Wenn man im Arbeitsgebiet Gesundheitsförderung und Prävention die Akteure anschaut, definieren die Praktikerinnen für sich nachvollziehbar Qualität (Struktur, Prozess, Ergebnis) und sichern sich gleichzeitig einen kreativen Freiheits-Pool. In der Institution gibt es sowohl institutionelle Top-Down- als auch teambezogene Bottom-Up-Prozesse, die gegenseitig verhandelt werden. Gesundheitsförderung und Prävention kann nur gelingen, wenn Betroffene (Eltern und Kinder) als kompetente Partner einbezogen werden.

4.4 Migration, Risiko und Spracherwerb

Gesundheitsförderung und Prävention mit dem Fokus Sprache können nicht bearbeitet werden, ohne auf das Thema Migration und Mehrsprachigkeit einzugehen. Familien mit Migrationshintergrund stehen im Zentrum der Bemühungen um Sprachförderangebote.

Migration als normales Phänomen

Die Bedeutung der Themen Mehrsprachigkeit und Migration in der Logopädie / Theorie der Sprachtherapie nimmt zu (Grohnfeldt 2005). Dies hat vor allem mit der Normalität und dem Umfang von Migration zu tun. Damit ist gemeint, dass etwa 20 % (in Deutschland knapp darunter, in der Schweiz darüber) der Landbevölkerung und bis 40 % der Stadtbevölkerung einen Migrationshintergrund haben. In Österreich sind die Zahlen mit ca. 17 % vergleichbar, wobei das Statistische Jahrbuch für Migration und Integration 2010 hervorhebt: „Personen mit Migrationshintergrund sind in den höchsten und niedrigsten Bildungsschichten deutlich öfter vertreten als die Bevölkerung ohne Migrationshintergrund." Diese „Schere" dürfte auch für Deutschland und die Schweiz relevant sein. Je nach Stadtteil in Großstädten steigt der Anteil auf über 60 % (Huwiler / Wiederkehr 2008, Kreutzmann 2008). **Migration** kann aus der Sicht der Logopädie definiert werden durch das Merkmal **ein Elternteil ist selbst nicht monolingual (muttersprachlich) deutsch aufgewachsen.** Unter Berücksichtigung der Tatsache, dass Mehrsprachigkeit in der Kinderrechtskonvention der Vereinigten Nationen seit 1998 als ein Recht verankert ist, ist der Standpunkt, Familien bzw. Kinder hätten die Landessprache als Familienangelegenheit zu lernen und könnten keinerlei Unterstützung durch das Gesundheits- und / oder Bildungssystem erwarten, zu korrigieren.

Migration als Risiko

Wenn in der Logopädie von „sprachentwicklungsgefährdeten Kindern mit Migrationshintergrund" die Rede ist, meint man im engeren Sinne meist Kinder in Familien aus einem statusschwachen Land, die Bildung eine niedrige Bedeutung zumessen und keinen guten Zugang zu dieser haben (*Bildungsferne*). Wenn Kinder mit Migrationshintergrund im Vergleich zu deutschen Kindern

- dreimal seltener von der Grundschule ins Gymnasium wechseln,
- bis zu viermal häufiger eine Klasse wiederholen,
- mit viel höherer Wahrscheinlichkeit die Schule komplett abbrechen und
- später viel häufiger keinen Berufsabschluss erwerben oder arbeitslos werden,

ist einerseits zu schlussfolgern, dass hier keine Intelligenz-, sondern eine Herkunftsauslese vorliegt und andererseits, dass die Gesellschaft hier Probleme eher verfestigt bzw. volkswirtschaftliche Ressourcen verschenkt. Die Gesellschaft muss attraktive und erreichbare Angebote machen; attraktiv und erreichbar deshalb, weil wir von einer intrinsischen Motivation per se nicht ausgehen können, diese aber für aktivierbar halten.

Wenn wir einen Blick in die Schweiz werfen, ist klar, dass wir es sehr schnell mit mehr als zwei oder sogar drei Sprachen zu tun haben.

Welcome to Babylon

Schauen wir uns dazu kurz den 4,5-jährigen Melvin an, der im Zürcher Norden (Stadtteil Auzelg) lebt. Der Vater ist Engländer, die Mutter ist in Sri Lanka geboren. Die Familie ist aus England migriert, als das Kind ein halbes Jahr alt war. Melvin hat zwei ältere Schwestern (acht und elf Jahre). Der Vater arbeitet Vollzeit im Schichtdienst (Bodenpersonal Flughafen Zürich), die Mutter zehn Stunden pro Woche (Reinigungskraft in einem Pflegeheim).

- **L1:** Die *Familiensprache* des Kindes ist **Englisch**, da sich Mutter und Vater in Englisch verständigen. Die Muttersprache der Mutter ist aber **Tamil**, diese Sprache wird von der Mutter gegenüber dem Vater nicht und gegenüber den älteren Kindern teilweise und gegenüber Melvin sehr selten eingesetzt. Hinsichtlich der Vatersprache gibt es nur dosierte Inputs, da der Vater tagsüber arbeitet und für Melvin, wenn er (selten) vorliest (*Literacy* in der Familie), Bücher in **Schriftdeutsch** auswählt.
- **L2:** Die *Bildungssprache* (Kindertagesstätte, Schule, Ausbildung) in der Schweiz ist **Hochdeutsch**. Melvin hat wenig deutschsprechende Freunde, seit einem halben Jahr geht er in die Kita. Die schweizerische Kitalehrperson spricht mit den Kindern **Hochdeutsch mit leichtem** ▼

alemannischen Akzent in Lernsituationen und benutzt **Schwyzerdütsch** in emotionalen Situationen. Sie lebt den Kindern vor, die *Sprachvielfalt* in ihrer Gruppe als Reichtum anzusehen. Der Ausländeranteil in Melvins Kita beträgt 70%, die Wohnbezirkssprachen sind sehr verschieden.
- **L3:** Die zwingende *Umgebungs- und Kultursprache* ist **Schwyzerdütsch**. Schwyzerdütsch dominiert das öffentliche Leben (Radio, teils Fernsehen, Alltag) und fungiert als *Peer-Sprache sowie als Geschwistersprache*. Die großen Schwestern sprechen Melvin in **Schwyzerdütsch** und (seltener) in **Englisch** an und trennen die beiden Sprachen nur teilweise. Die Kinder im Kindergarten und auf der Straße verständigen sich untereinander in **Schwyzerdütsch, sehr häufig mit konstanten Wortwahl-, Wortform- und Wortreihenfolgeproblemen.**

Die Vielfalt der Sprachen, die jeweils unterschiedlichen pragmatischen Referenzsystemen (*kursiv*) zugeordnet sind, zeigt einerseits den Anspruch, der hier hinter „Sprachentwicklung" steht und andererseits, dass wir uns gleich von dem Begriff **Zweisprachigkeit** verabschieden und besser von **Mehrsprachigkeit** sprechen sollten.

Migration als Teil eines Risikopools

Das Beispiel zeigt, dass wir unbedingt von einem erhöhten Lernanspruch für die Kinder ausgehen müssen; gleichzeitig sollten wir vermeiden, ein generelles Risiko zu etikettieren. Der Status „Risiko" wird sonst schnell zum Stigma (Kronig 2008).

Migration ist selbst kein Risiko, generiert aber mit hoher Wahrscheinlichkeit einen Risikokomplex: Die Eltern haben teils weniger Bildungsinteresse oder -zugang, weniger Berufschancen, weniger Geld, weniger Zeit, wodurch weniger Anregungen geboten werden, teils sich auch mehr Unfälle ereignen und die Ernährung teils nicht günstig ist. Die Kinder wachsen in einer Wohnregion auf, in der sich mehrere oder alle Faktoren häufig finden. Roth/Terhart (2010) sehen die Faktoren „wenig Zeit für das Kind" und „Wohnregion" als Indikatoren für eine kindliche/familiäre Entwicklung, die professionell unterstützt werden sollte.

praktische Konsequenzen

Wenn wir das Beispiel Melvin noch einmal für konkrete Interventionen anschauen, heißt dies:

- Wir schauen nicht isoliert auf Migration, sondern auf Migration als Teil eines ungünstigen Wirkkomplexes.
- Eine **Sprachstandsmessung** nur in L2 (Hochdeutsch) ergibt wenig Sinn. Hier würde ja noch nicht einmal ein Drittel der Sprachlichkeit erfasst. Wenn die Sprachstandserfassung nur die Sprachstruktur und nicht die pragmatische Realität (Kommunikation) erhebt, wird nur 15% von Melvins „Sprache" berücksichtigt. Auch relativ geeignete Verfahren wie SISMIK oder HAVAS-5 können das Problem nicht auflösen. Sinnvoll ist

ein Sprachvergleich (Ersoy et al. 2003). Zudem spielt die Sprachbiografie (Frigerio 2010) und -soziografie eine wichtige Rolle.

Sicher gilt: Die Unterscheidung zwischen Deutschkontaktproblem und Spracherwerbsproblem ist nur im Sprachvergleich unter Berücksichtigung struktureller und pragmatischer Besonderheiten zu betrachten und deshalb nicht einfach. Dabei kann als gesichert gelten, dass die hier postulierten Prävalenzzahlen (Kap. 3.3) auch für den Kontext Mehrsprachigkeit gelten. Eine „Korrektur des sprachtherapeutischen Auftragsumfangs" muss, wenn nur nach oben hin, vorgenommen werden.

Erfassung L1 plus L2

Der Grad der Fremdheit hängt davon ab, wie kompatibel zwei Kulturen sind. Die kulturelle Differenz ist die Differenz in der Kette Lebenswelt – Erwartungen – Verhalten – Kommunikationsverhalten – Lernverhalten. Wenn das so ist, müsste in einem ersten Schritt für einen Ausgleich der Differenzen gesorgt werden durch eine Annäherung beider Kulturen; im Ergebnis entstünde **reziproke Neugier und Kennenlernbereitschaft**. In einem zweiten Schritt müsste die Kommunikationsdifferenz abgemildert werden. Bestehen nicht nur Deutschkontakt-, sondern Sprachlernprobleme, sind linguistisch fokussierte Beobachtungen, Beratung und Therapien kulturell und pragmatisch eingebettet: Es geht primär um Sprachverhalten und sekundär um Sprachstrukturen. Negativ formuliert: Eine ausschließliche Konzentration auf strukturelle Aspekte ist nicht zielführend.

kulturelle Differenz

Wie lässt sich nun die kulturell-pragmatische Differenz konkret beschreiben? Die Differenz hat je nach Land unterschiedliche Facetten, einige Eckpunkte sind:

- anderes Selbstverständnis von Elternschaft (Mutter gibt Fürsorglichkeit den Vorzug vor Selbstständigkeit),
- andere Familienzusammensetzung (miterziehende Großeltern, mehr Geschwister),
- andere Rollenfunktionen, die im Herkunftsland Konsens, im Migrationsland aber keinen Konsens haben (Familie als „dysfunktionales" System),
- anderer Umgang mit Medien (z. B. Fernseher im Kinderzimmer ab vier Jahren, kontrollfreier Konsum für Kinder),
- andere Konnotation des Wortes Therapie (z. B. ist „Therapie für Kinder" generell gekoppelt an geistige Minderleistung und eine hohe Wahrscheinlichkeit des Verwehrtbleibens der Regelschule),
- Fremdheit der Familie gegenüber Büchern,
- Fremdheit der Familie gegenüber Familienspielen (am Tisch),
- Fremdheit gegenüber (deutschen) Institutionen und Beratungsangeboten (Angst vor Verurteilung, vor Entblößt-Werden).

aufeinander zugehen

Der erste Schritt zur Integration ist das respektvolle Zusammenbringen von Kulturen, Sprachen, ethnischem Selbstverständnis und persönlicher Identität; eventuell sind implizite Standpunkte explizit zu reflektieren und zu überdenken. Beobachten, Bewusstmachen, Reflektieren, Resümmieren scheinen sinnvolle Begriffe zu sein (Kreutzmann 2008). Eine Annäherung erfolgt bestenfalls beidseitig: Die Türkei und Marokko sind eben u. a. auch kulinarisch interessant, und die Namen der Gerichte machen Appetit, und Deutsch ist eben nicht nur eine Sprache der Behörden, sondern auch eine Sprache, die Witze erzählt und Lieder dichtet. Interkulturalität ist nicht der Aufruf zur Nachhilfe für eine Gruppe, die sich schwer tut, sie ist eine gemeinsame Kooperation für eine kulturell vielfältige und produktive Gesellschaft, die Potentiale fördert. Schlegel (2009) bezeichnet ein Setting, welches Grundkenntnisse der Kultur des Gegenübers soweit zusammenbringt, dass

- Namen richtig ausgesprochen werden können,
- Differenzen im Wertesystem bekannt sind,
- die Eigenheiten der Bedeutung von „Krankheit" und „Therapie" beachtet werden und
- kommunikative Spezifitäten nicht fehlgedeutet werden

als „kulturspezifische Sprachtherapie" (Schlegel 2009, 334). Kreutzmann (2008) spricht von „kultursensitiver Sprachtherapie". Das Missverständnis beginnt bereits, wenn die deutsche Therapeutin die türkische Mutter und ihr Kind mit falsch ausgesprochenem Namen und einem festen Händedruck begrüßt, zum Gesprächsstart ein offenes Schildern der Probleme für selbstverständlich hält und Blickkontakt im weiteren Verlauf erwartet. Alle genannten Punkte wären in der Türkei völlig unüblich (Schlegel 2009, 327).

Deutschkontakt- oder Sprachlernproblem?

Unstrittig ist, dass eine Therapie und/oder Beratung dann indiziert ist, wenn Spracherwerbsprobleme in L1 plus L2 (plus L3) über phonetische Fehlrealisierungen hinausgehen. Das ist aber nur sprachvergleichend zu ermitteln und bringt die Therapeutin in ein Dilemma, da sie die kompetente Beurteilung von L1 meist selbst nicht leisten und auch kaum delegieren kann. Zur Klärung der Indikationsfrage müssen pragmatische Lösungen erwogen werden (Jedik 2003, Lengyel 2005, Triarchi-Herrmann 2005): Beispielsweise verweist ein großes Ausmaß an Interferenzen und Sprachmischungen darauf, dass die separate Einspeicherung und der Abruf als Voraussetzung einer Kompetenz in beiden Sprachen nicht gelingt und dauerhaft mit einer reduzierten Kompetenz in beiden Sprachen zu rechnen ist. Des Weiteren sind Fehlstarts, Satzabbrüche, semantische Undifferenziertheiten, kommunikativer Rückzug oder Abwehr in beiden

Sprachen als Gesamtbild durchaus relevante Kriterien. Oder man sieht von einem umfassenden Sprachvergleich auf mehreren Sprachebenen ab und konzentriert sich auf eine zu vergleichende Facette als Schlüsselkriterium (z. B. Sprachverständnis bei jüngeren Kindern und Erzählfähigkeit bei älteren Kindern).

Zur Überwindung der kulturellen Differenz braucht es eine Mediatorin, welche die deutschsprachige Kultur versteht und schätzt und gleichzeitig in der Heimatkultur (z. B. Kosovo, Marokko, Türkei) zu Hause ist und diese Heimat auch nicht aufgibt. „Rucksack" z. B. ist ein Programm für mehrsprachige Kinder, das die Aktivitäten wie Singen, Spielen und Beschreiben im Kindergarten in den Alltag der mehrsprachigen Familie (in deren Erstsprache) transferiert. Eine Elternbegleiterin, die in beiden Sprachen (deutsch und die Erstsprache des Kindes) zu Hause ist, begleitet die Eltern und steht für Fragen bereit. Dadurch wird nicht nur die Sprache doppelt gefördert, sondern auch die Kooperation zwischen Eltern und Erzieherinnen verbessert. Die Verbreitung ist mit fast 400 Rucksack-Kindertagesstätten alleine in Nordrhein-Westfalen hoch.

Mediatorin als akzeptierte Person

Inzwischen liegt ein Gutachten zur Evaluation von Modellen des Elterneinbezugs vor, das auch auf Rucksack Bezug nimmt (Schwaiger / Neumann 2010, 163 f). Wirksam scheint das Mediatorenprinzip dann zu sein, wenn

- es früh einsetzt,
- Inhalte kind- und handlungszentriert vermittelt werden,
- unterschiedliche Settings (evtl. auch Veranstaltungen im größeren Rahmen und Hausbesuche) genutzt werden,
- Elternressourcen als partnerschaftlicher Prozess gestärkt werden,
- die Erzieherinnen in der Kindertagesstätte einbezogen sind, Fortbildungen ermöglicht werden und eine Kultur der Vielfalt gepflegt wird.

Situationen der Beobachtung, Befragung, Beratung und Einflussnahme werden von der Logopädin sinnvoll mit einer gewissen Vorsicht, Höflichkeit und dennoch Festigkeit und Direktheit angegangen. Ein offenes Angebot machen, selbst Vorbild sein, echtes Interesse für die Familien sind bessere Grundsteine des Miteinanders als das Übertragen von Erwartungen sowie das Einfordern von Mitarbeit und Leistungen.

Logopädie als Kulturarbeit

Erfolgreiches Lernen – und auch Sprachlernen – hängt auch davon ab, ob Emotionen im Spiel sind (Lin 2008). Von daher ist die Logopädin (im Kontext Migration) Botschafterin ihres Sprachlandes und bewirbt dieses bei der fremden Familie. Mehrsprachige Begrüßungs- und Verabschiedungsschilder, Wartezonen-Zeitschriften in der Landessprache, das Wissen um

Feste in verschiedenen Religionen und Kulturen sind leicht zu realisierende Signale in jeder Institution und der Auftakt für Neugier und Kulturkontaktintensivierung (Kreutzmann 2008).

 Eine Bestelladresse für den Berliner Interkulturellen Kalender ist unter *www.berlin.de/lb/intmig/publikationen/kalender* zu finden.

Zusammenfassung

- Die eigene Haltung spielt eine wesentliche Rolle beim Zugang zur Interkulturalität.
- Wer ein interkulturell offenes Team will, sollte sein Leitbild, seine Ziele, seine Aktivitäten und die Teamkommunikation auf die Verringerung der kulturellen Differenz fokussieren.
- Eltern(zusammen-)arbeit setzt voraus, dass Eltern in ihrer Sprachlichkeit, Kultur und Logistik überhaupt verstanden und erreicht werden.
- Die praktisch tätige Therapeutin kann Konzepte für Therapie gut, für Elternarbeit nur bedingt und für Diagnostik nicht aus dem Wissenspool Monolingualität übertragen.
- Die Logopädie als Fach muss die Normalität von Mehrsprachigkeit stärker betrachten, forschend Daten zum IST-Stand erheben und Konzepte diskutieren und evaluieren, um Praxismaterialien zu generieren.
- Eine Öffentlichkeitsarbeit (Zielgruppe u.a. Ärzteschaft und Kosten-Entscheidungsträger) ist notwendig, diese setzt aber voraus, dass die Logopädie ihr Angebot konkretisiert und datenbasiert (Migrationsanteil, Prävalenz) argumentiert.

 Unsere Audioinformationen zur Mehrsprachigkeit und zum Berufsbild Logopädie in 16 Landessprachen sind ein wichtiger Baustein für die Informationsarbeit mit Eltern.

 Der Deutsche Bundesverband für Logopädie gibt im Internet Interessierten Auskunft darüber, wer in einer gesuchten Region in welchen Sprachen Therapien durchführt: *www.dbl-ev.de*.

Zusammenfassung

Entscheidungsträger sollten Zeitpunkte und Ressourcen festlegen für Beobachtung, Beratung, Empowerment, Diagnostik und Therapie, wenn ein Plus an Gesundheitsförderung und Prävention tatsächlich erreicht werden soll. Die derzeitige Diskussion in der Sprachheilpädagogik/Logopädie zeigt, dass sich das Fach praxeologisch gut aufgestellt präsentiert – der als entscheidend zu bewertende Themenkreis Migration muss jedoch hinsichtlich Daten zur Entwicklungsvarianz im Sprachvergleich, zur Diagnostik, Therapie und Beratung als stark entwicklungsbedürftig eingeschätzt werden. Erfolgreiche interprofessionelle Teams finden klare Rahmenbedingungen mit Freiheit vor, reflektieren über Formen der Kommunikation und pflegen eine einheitliche Beratungskultur. Migration ist Normalität und gesellschaftliche Vielfalt; bei einem dominanten Dialekt als verpflichtende Umgebungssprache sind die Lernansprüche an die Kinder nochmals höher. Sprachlernprobleme ergeben sich dann auch schnell ohne allgemeine Lernschwierigkeiten und trotz einer anregenden Umwelt. Die Logopädie kann wichtige Angebote machen, die Respekt der Kultur voraussetzt und dann zu einer Sprachanamnese, einer sprachvergleichenden Diagnostik und einer kultursensitiven Therapie und Beratung vordringt.

II Praxistools für die Logopädie

In Teil II werden basierend auf den Ausführungen der vorhergehenden Kapitel Instrumente und Vorgehensweisen für die logopädische Arbeit im Bereich Gesundheitsförderung und Prävention vorgestellt. Die Tools verstehen sich als Anregung und Basis für dieses Arbeitsfeld, sind nicht als hoch-differenzierte Vorlagen zu verwenden und erfüllen nur teilweise den Anspruch auf „evaluiert". Die Tools wurden im Rahmen eines Forschungsprojektes der interkantonalen Hochschule für Heilpädagogik HfH Zürich entwickelt.

Der Multimediaträger des Buches ist mit diesem Teil stark verknüpft, und die Verweise sind jeweils gekennzeichnet (Tab. 5).

Kapitel 5.1 fokussiert die Öffentlichkeits- und Beratungsarbeit im Kontext Gesundheitsförderung. Im Kapitel 5.2 wird das Konzept **ZIEL Sprachförderverhalten** (**Z**ürcher **I**mpuls **EL**terliches Sprachförderverhalten) mit dem zentralen Medium Sprachförderfilm im Verständnis eines Elterncoachings vorgestellt.

Des Weiteren wird Sprachförderung für alle Kinder als Arbeitsfeld der Logopädie thematisiert (Kap. 6).

Die Kapitel 7 und 8 widmen sich der Früherkennung von Risikogruppen und deren Beratung. Im Vordergrund stehen hierbei nicht diagnostische Zuweisungen, sondern präventive Entscheidungshilfen (Kompasse) für nicht-logopädische (Fach-)Personen. Die Instrumente unterstützen die Entscheidung, ob eine Beratung und Abklärung bei einer Logopädin empfehlenswert ist und betonen die diagnostische Kompetenzhoheit der Logopädin.

Audioinformationen über Spracherwerb bei Mehrsprachigkeit und Sprachtherapie in 16 Muttersprachen stellen einen neuen Weg der Zielgruppenerreichung bei Migration dar.

Tab. 5: Inhalte der DVD

Medium/Thema	Altersgruppe				
	2–3 Jahre	3–4 Jahre	4–5 Jahre	5–6 Jahre	>6 Jahre
Sprachförderfilm „Mit Kindern sprechen und lesen"	X	X	X	X	X
Audiodateien					
Logopädie	X	X	X	X	X
Mehrsprachigkeit	X	X	X	X	X
Kopiervorlagen					
Texte „Was ist Logopädie"	X	X	X	X	X
„Informationen zum kindlichen Spracherwerb in zweisprachigen Familien"	X	X	X	X	X
Transkripte Sprachförderfilm	X	X	X	X	X
Früherfassung SpracherwerbsKompass	X	X			
Früherfassung LautspracherwerbsKompass			X	X	
Früherfassung RedeflussKompass	X	X	X	X	
Früherfassung LesekompetenzKompass					X
Gegenüberstellung der Ansätze zur Elternarbeit					X
Material Informationsabend „Brief an sich selber"	X	X	X	X	X
Interkulturelle Förderprogramme	X	X	X	X	X

5 Stärkung der Eltern als etabliertes Arbeitsfeld

Empowerment Eltern

Mit Blick auf die Publikationen der letzten Jahre fällt auf, dass die Stärkung der Eltern (Empowerment) eine gewichtigere Rolle im Spektrum der logopädischen Interventionen einnimmt (Buschmann 2009, Möller/Spreen-Rauscher 2009, Schlesiger/Mühlhaus 2011, Bender-Körber/Hochlehnert 2006, Wendlandt 2010, Schelten-Cornish/Kaiser-Mantel 2010, Beushausen/Klein 2007, Rodrian 2009). Begrenzte Ressourcen sowie die im Zuge von der ICF-Haltung stärkere Berücksichtigung von Teilhabe und Partizipation legen eine stärkere aktive und verantwortliche Einbindung des Umfeldes nahe (Braun et al. 1999). Elternarbeit umfasst ein breites Spektrum an Interventionsmöglichkeiten:

- Elterninformation,
- therapiebegleitende Elternarbeit,
- Elternberatung,
- Elterncoaching und
- Elterntraining.

Sie unterscheiden sich im Grad der Intensität, des Ansatzes und der Zielrichtung sowie des Settings (Möller/Spreen-Rauscher 2009). Interessant und ermutigend sind erste Wirksamkeitsstudien über Ansätze, die Eltern bezüglich naiver (ursprünglicher) Sprachlehrstrategien sensibilisieren und bestärken (Ritterfeld 2000).

Sprachlehrstrategien

Es gilt zu beachten, dass Kinder Sprachanregungen unterschiedlich nutzen und die Passung zwischen elterlichem (Sprach-)Angebot und perzeptiven Kapazitäten des Kindes entscheidend sind.

> „Ein optimaler Spracherwerb ist dann möglich, wenn beide Faktoren ineinander greifen, also der interaktive Kontext genau diejenigen Erfahrungen bereithält, die das Kind für seinen aktuellen Entwicklungsprozess benötigt." (Ritterfeld 2000, 81)

Alleiniger Interventionsansatzpunkt Eltern garantiert demnach nicht zwangsläufig Sprachentwicklungsfortschritte der Kinder. Die Aufnahme-

und Verarbeitungsmöglichkeiten des Kindes tragen einen maßgeblichen Anteil an dem Entwicklungspotential. Mit einer stigmatisierenden Zuweisung „mangelnde sprachliche Anregung" sollte man demnach sehr vorsichtig umgehen.

Die meisten Ansätze von Elterntrainingsprogrammen zielen auf folgende Themen ab:

- Informationen über Sprachentwicklung und Voraussetzung für den Spracherwerb,
- Wissensvermittlung über Sprachauffälligkeiten,
- sprachförderliches Verhalten der Eltern.

Zielklientel, Aufbau und Vorgehen von Elterntrainingsprogrammen können in der Tabelle „Gegenüberstellung Ansätze Elternarbeit" auf dem Multimediadatenträger (Ordner „Daten") eingesehen werden.

Als Ergebnis aus dem Vergleich der Elterntrainingsprogramme lassen sich folgende Punkte festhalten:

- Alle aufgezeigten Ansätze arbeiten im Gruppensetting. Der entlastende Austausch mit „Gleichbetroffenen" ist sicherlich ein nicht zu unterschätzender wertvoller Nebeneffekt.
- Die Dauer der Ansätze variiert zwischen sechs bis max. neun Terminen. Unter Berücksichtigung des *Präventionsdilemmas*, dass solch intensive Angebote Eltern ansprechen, die von vorherein engagiert und motiviert sind, stellt sich die Frage, ob diese Angebote von der tatsächlichen Zielklientel wahrgenommen werden.
- Die Ansätze lassen sich einheitlich durch eine methodisch-didaktische Vielfalt, Berücksichtigung von elterlichen Ressourcen und Bemühungen um Transfer in den Alltag kennzeichnen.
- Alle Ansätze zielen auf Risikokinder und deren Eltern ab. Die Indikationsfrage wird teilweise durch diagnostische Verfahren abgestützt. Zwei Ansätze zielen auf sehr junge Kinder ab (2–3 Jahre), zwei auf Kinder im Alter Kindertagesstätte und Grundschule. Kein Ansatz deckt die Altersspanne 2–7 Jahre vollständig ab.
- Evaluationen werden durchgeführt (bei einem Programm auch unter Berücksichtigung der Effekte bei den Kindern). Auf der kognitiven Ebene melden die Eltern einen Wissensgewinn zurück, diffuser werden die Ergebnisse bezogen auf die Integration auf der (Alltags-)Handlungsebene. Grundsätzlich ist aufgrund der Ergebnisse die Interpretation zulässig, dass die Eltern von der Aufklärungs- und Sensibilisierungsarbeit bezüglich sprachförderlichen Verhaltens profitieren.

ZIEL Sprachförderverhalten — Basierend auf diesem kriteriengeleiteten Vergleich und der Integration des Konzeptes der „Pragmatischen Elternpartizipation PEP" (Ritterfeld 1999) stellen wir hier den Ansatz „Zürcher Impuls ELterliches Sprachförderverhalten ZIEL" als ein ökonomisches ressourcenorientiertes Empowerment-Tool mit dem zentralen Medium eines Sprachförderfilms vor (siehe Film auf beiliegender DVD). „ZIEL Sprachförderverhalten" ist sowohl in der Gesundheitsförderung (Elternbildung) als auch in der Prävention (Arbeit mit Eltern von Risikokindern) zu verorten. Grundlage sind Sprachlehrstrategien.

5.1 Sprachlehrstrategien als Entwicklungschance

Unbestritten herrscht in der Fachwelt Konsens darüber, dass der sprachliche Input, das sprachliche Verhalten des Umfeldes einen maßgeblichen Einfluss auf die sprachliche Entwicklung des Kindes hat. Die Bezeichnung für dieses meist intuitive Verhalten der Eltern variiert jedoch:

- (naive) Sprachlehrstrategien (Ritterfeld 2000, Buschmann/Jooss 2007),
- an das Kind gerichtete Sprache (Szagun 1996),
- sprachförderliches Verhalten im Alltag (Schlesiger/Mühlhaus 2011),
- Sprachniveauanpassung (Centini 2004),
- Stärkung der elterlichen Kompetenz für einen sprachförderlichen Umgang mit dem Kind (Hecking/Schlesiger 2010),
- sozial-kommunikative alltagsnahe Sprachförderung (Dannenbauer 1994) oder
- intuitive Didaktik in der Interaktion mit Kindern (Papousek/Papousek 1984).

Gemeinsamkeiten — Allen gemein ist die ressourcenorientierte Haltung, dass die Eltern über das implizite Wissen über sprachförderliches (Kommunikations-)Verhalten verfügen und meist intuitiv auch anwenden. Dieses Verhalten passen sie dem wachsenden Sprach- und Kommunikationsvermögen des Kindes an. Eine chronologische Entwicklung des elterlichen Sprachförderverhaltens lässt sich in Abb. 10 darstellen.

Ammensprache — Die *Ammensprache* (baby talk) kennzeichnet sich vor allem durch eine höhere Stimmlage und eine prosodischere Betonung. Sie lenkt die Aufmerksamkeit des Kindes auf die Sprache. Einzelne Studien belegen einen direkten positiven Zusammenhang zum späteren Wortschatzumfang (Überblick in Buschmann/Jooss 2007).

stützende Sprache — Die *stützende Sprache* (scaffolding) richtet die Aufmerksamkeit des Kindes auf Handlungen sowie Objekte und verbindet diese mit Sprache. Immer wiederkehrende Situationen im Alltag (Bilderbuch anschauen, Kleider

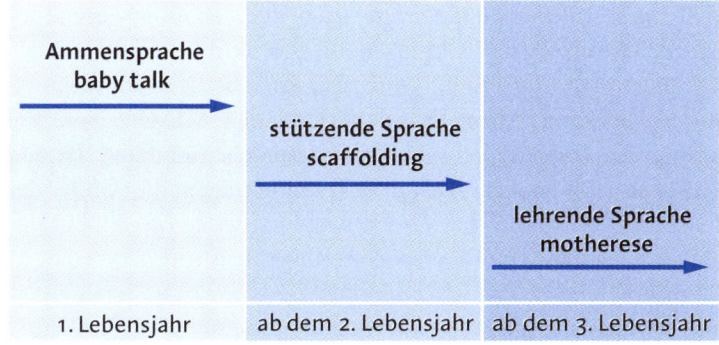

Abb. 10: Sprachlehrstrategien

anziehen, kochen, spielen) werden sprachlich redundant begleitet, und das Kind entdeckt, dass alles einen Namen hat. Diese Sprachlehrstrategie stellt im Alter von zwei bis drei Jahren eine „hervorragende Inputquelle für den Erwerb des Lexikons" (Ritterfeld 2000, 412) dar.

Wirksamkeit von Sprachlehrstrategien

Eine oft zitierte Effektivitätsstudie bezüglich Sprachlehrstrategien hat die Forschergruppe um Whitehurst 1988 publiziert (Whitehurst et al. 1988). Anhand der Situation „Bilderbuch betrachten" und Anweisungen im Sinne eines dialogischen Lesens („dialogic reading") wurden Eltern einer **Interventionsgruppe** vier Wochen lang im sprachförderlichen Verhalten instruiert. Im Gegensatz zum „klassischen Vorlesen" betont das dialogische Lesen die Interaktion zwischen Erwachsenem und Kind. Die Impulse der Kinder werden verstärkt, positiv rückgemeldet, und die Kinder werden zu vermehrten und anspruchsvolleren Äußerungen ermutigt.

Die Gesamtgruppe der Kinder (n = 30) waren im Alter zwischen 21 und 35 Monaten und wurden in zwei Gruppen randomisiert aufgeteilt.

Die Eltern der Interventionsgruppe wurden angeleitet,

- die Kinder mittels Fragen sprachlich anzuregen (evokative Technik),
- die kindliche Äußerungen durch Wiederholung und Transformation zu modellieren,
- sich bezüglich Wort- und Themenwahl an das Sprachniveau des Kindes anzupassen.

Parallel und zu gleichen Zeitpunkten wie die Interventionsgruppe wurde der aktive Wortschatz einer **Kontrollgruppe** (ohne Elterntraining, n = 15) erhoben. Die Interventionsgruppe zeigte nach dem Training gegenüber den Kindern der Kontrollgruppe bezogen auf den aktiven Wortschatz einen Entwicklungsvorsprung von 8,5 Monaten. Auch bezogen auf die mittlere Länge der Äußerung (Mean Length of Utterance MLU) zeigten die Kinder der Interventionsgruppe in der Spontansprache signifikant bessere Ergebnisse. Selbst neun Monate nach dem Training zeigten die Kinder der Interventionsgruppe weiterhin bessere Entwicklungswerte (gegenüber der Messung direkt nach dem Training jedoch weniger deutlich).

Die Ergebnisse wurden in späteren Untersuchungen (Lonigan / Whitehurst 1998) mit einer größeren Stichprobe (114 Kinder im Alter von drei bis vier Jahren mit geringen Sprachfähigkeiten und einkommensschwachen Familien) bestätigt.

lehrende Sprache

Als Erweiterung zur stützenden Sprache mit dem semantischen Schwerpunkt setzt die *lehrende Sprache* (motherese) an der grammatikalischen Entwicklung an. Die grammatikalischen Fähigkeiten des Kindes sollen bezüglich linguistische Erweiterung der Äußerungen, durch grammatikalische Vervollständigung resp. Korrektur vorangetrieben werden. Die Eltern bieten hierbei dem Kind ein auf den nächsten Entwicklungsschritt zielendes Sprachmodell an. Auch für diese Sprachlehrstrategie gibt es inzwischen ermutigende Wirksamkeitsstudien: Girolametto et al. 1996 für Hanen Programm, Buschmann 2009 für Heidelberger Trainingsprogramm.

Grenzen von Sprachlehrstrategien

Zusammenfassend lässt sich feststellen, dass elterliches Verhalten, welches den Fähigkeiten sowie dem Alter des Kindes angepasst ist und dem dynamischen Entwicklungsprozess fortlaufend gerecht wird, entwicklungsförderndes Potential besitzt. Sprache, die dem Kind angeboten wird und von diesem rezeptiv verarbeitet wird, wird als Input bezeichnet und kann als „treibende Kraft des Spracherwerbs" (Siegmüller / Fröhling, 2010, 65) bezeichnet werden.

Tatsache ist, dass viele Eltern intuitiv dieses Potential nutzen und lediglich für ihr Verhalten sensibilisiert und in ihrer Interaktionsform bestärkt werden müssen. Berücksichtigt werden muss aber auch, dass dieser Interventionsweise Grenzen gesetzt sind:

> „Die Umwelt liefert nur den Rahmen, innerhalb dessen sich das Kind entwickelt. Die durch die Umwelt gelieferte sogenannte Inputsprache stellt damit zwar eine notwendige, jedoch keinesfalls eine hinreichende Bedingung für das kindliche Vermögen, Sprache zu erwerben, dar. Umwelt und Kind tragen gemeinsam die Verantwortung für den Spracherwerb." (Ritterfeld 2000, 413)

Der wissenschaftlich begleitete Sprachförderfilm „Mit Kindern sprechen und lesen – Sprache kitzeln" als zentrales Medium der Elternarbeit stellt ausgewählte Sprachlehrstrategien in beispielhaften Sequenzen modellhaft dar und ist in das Konzept „Züricher Impulse ELterliches Sprachförderverhalten" integriert.

5.2 Zürcher Impuls Elterliches Sprachförderverhalten

Das Konzept „Zürcher Impuls ELterliches (ZIEL) Sprachförderverhalten" versteht sich als eine ökonomische Form des Elterncoachings. Eltern erhalten im Gruppensetting kompakt Informationen über sprachförderndes Verhalten und werden bei Entwicklungsprozessen durch Beratung und gezieltes Üben begleitet (Abb. 11). Die Zürcher Kurzintervention unterscheidet sich im Grad der Strukturiertheit, der Intensität und der Verbindlichkeit bezüglich Vorgehensweise von einem Training (Tab. Gegenüberstellung Ansätze Elternarbeit auf der DVD). „ZIEL Sprachförderverhalten" bietet den durchführenden Therapeutinnen einen Handlungsrahmen und lädt zu kreativer und der Situation entsprechender Umgestaltung resp. Gewichtung ein. Das Konzept bietet Eltern von Kindern im Alter von zwei bis acht Jahren Impulse für die alltägliche Sprachförderung.

Was ist ZIEL?

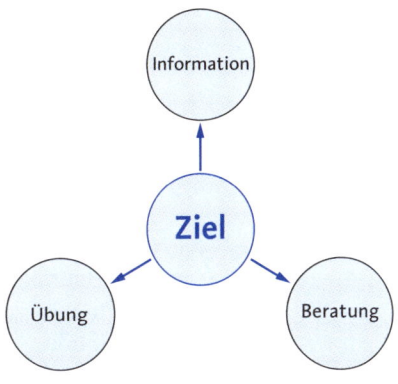

Abb. 11: Ansatzpunkte ZIEL, Zürcher Impuls Elterliches Sprachförderverhalten

„ZIEL Sprachförderverhalten" richtet sich in erster Linie an:

- alle interessierten Eltern von Kindern (Aspekt Gesundheitsförderung) und/oder
- an Eltern von Risikokindern (Aspekt Prävention).

Die Kurzintervention kann aber auch fakultativ in der Sprachtherapie im Kontext von Beratungen eingesetzt werden. Der im Konzept integrierte Sprachförderfilm „Mit Kindern sprechen und lesen – Sprache kitzeln" ist in drei Altersstufen (zwei- bis dreijährige Kinder, drei- bis fünfjährige Kinder und sechs- bis achtjährige Kinder) unterteilt, und es empfiehlt sich, in der Gruppenzusammensetzung auf eine homogene Verteilung bezüglich des Kindesalters der am Coaching beteiligten Eltern zu achten.

verschiedene Altersstufen

Die Eltern besuchen zwei (Abend-)Veranstaltungen und evaluieren aus eigener Perspektive ihre Umsetzung der Sprachförderinhalte im Alltag.

Modell-Lernen

Zielgerichtet sollen pragmatische Unterstützungsmöglichkeiten aufgezeigt, bewusst gemacht und in den Alltag integriert werden. Zentrales didaktisches Medium ist der Sprachförderfilm „Mit Kindern sprechen und lesen – Sprache kitzeln".

Durch das Betrachten des Filmes werden den Eltern Sprachlehrstrategien bewusster gemacht, und durch Nachahmung werden diese Verhaltensmuster vermehrt in das eigene Handlungsrepertoire aufgenommen. Dieses Lernen durch Beobachtung und Nachahmung entspricht dem klassischen „Modell-Lernen". In diesem Lernprozess wird zwischen **Verhaltensaneignung** (die Eltern filtern und speichern die für sie relevanten Sprachlehrstrategien) und **Verhaltensausführung** (die Eltern üben ausgewählte Sprachlehrstrategien und werden für den Transfer motiviert) unterschieden.

Elternpartizipation

Wir plädieren bei der Durchführung von „ZIEL Sprachförderverhalten" für folgende Grundannahmen:

- flexible Orientierung am Reflexions- und Veränderungspotential der Eltern,
- Vermittlung von natürlichen und im Alltag anwendbaren Sprachlehrstrategien,
- in Abgrenzung zu psychotherapeutischen Interventionen versteht „ZIEL Sprachförderverhalten" sich als sprachtherapeutische Form der Elternarbeit,
- die Arbeit in Gruppen soll dynamische und entlastende Momente (Treffen von „Gleichgesinnten") fördern und gegenseitig unterstützend wirken,
- durch „geführte Beobachtung" soll die Beziehungsgrundlage nondirektiv beeinflusst werden.

Aufbau des Elterncoachings

„ZIEL Sprachförderverhalten" ist konzeptionell in drei Stufen aufgeteilt (Abb. 12).

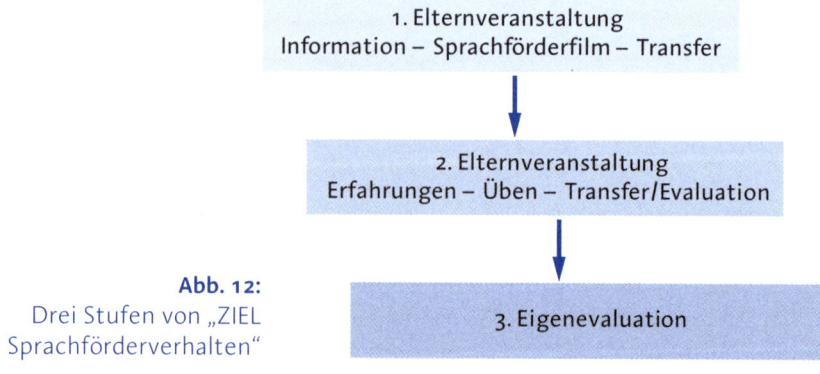

Abb. 12: Drei Stufen von „ZIEL Sprachförderverhalten"

Die nun vorgestellten Inhalte der Abende und des Vorgehens sind als Inspiration und möglicher Handlungsrahmen zu verstehen und können vor Ort individualisiert werden.

Am ersten Elternabend stellen sich die Eltern gegenseitig vor, und die Therapeutin gibt einen groben Überblick über die zwei Abende. Als zentrales Thema wird das oft intuitiv positive Interaktionsverhalten der Eltern vorgestellt. Die Grundhaltung ist *„Mehr vom Richtigen"*. Der Einführungsfilm vermittelt erste Grundinformationen über Sprachlehrstrategien und die Didaktik des Filmes. Nach dem Betrachten des Einführungsfilmes werden eventuelle Fragen von der Sprachtherapeutin beantwortet. In Form einer Wandzeitung (Eltern schreiben auf farbigen DIN-A5-Zettel eigene Ideen für sprachförderndes Verhalten auf, die dann für alle sichtbar aufgehängt und besprochen werden) werden Ideen für sprachförderndes Verhalten gesammelt und besprochen. Im Anschluss daran wird je nach Altersstufe der Kinder das entsprechende Kapitel im Sprachförderfilm gezeigt. Für jede Altersstufe werden vier prototypische Sprachlehrstrategien filmisch dargestellt (Tab. 6).

erste Elternveranstaltung

In den Filmkapiteln wird ferner auf humorvolle Weise mit den Protagonisten „Oskar Grübel" und „Paul Plabber" sprachhemmendes Verhalten ohne „erhobenen Zeigefinger" thematisiert. Das gemeinsame „Bilderbuch betrachten" von Eltern mit ihren Kindern ist der Rahmen für die geführte Beobachtung. Prinzipien des dialogischen Lesens werden altersentsprechend visualisiert, der Erwachsene rückt in die Rolle des aktiven Zuhörers, stellt Fragen, gibt Impulse, ergänzt und erweitert die Aussagen des Kindes.

Tab. 6: Altersstufen und entsprechende Sprachlehrstrategien

Alterstufe	vorgestellte Sprachlehrstrategie
Zwei- bis Dreijährige	Blick durch Zeigen lenken Äußerungen verbessert zurückgeben Äußerungen erweitern offene Fragen formulieren
Drei- bis Fünfjährige	Äußerungen erweitern offene Fragen Äußerungen verbessert zurückgeben Überleitung zu eigenen Erlebnissen
Sechs- bis Achtjährige	gemeinsames Lesen offene Fragen vom Interesse des Kindes leiten lassen Überleitung zu eigenen Erlebnissen

Videosequenzen und Transkriptbeispiele

Die Kapitel sind didaktisch so aufgebaut, dass die jeweiligen Sprachlehrstrategien ausführlich anhand von Videosequenzen, Erläuterungen der Kommentatorin sowie Transkriptbeispielen dargestellt werden. Die jeweiligen vier Sprachlehrstrategien werden nach dem Betrachten des Unterkapitels als Plakat von der Therapeutin visualisiert und mit den Eltern besprochen:

- Welche Strategien sind bekannt?
- Welche Strategien werden von den Eltern mehrheitlich genutzt?
- Von welchen Strategien sind die Eltern überzeugt, dass sie die Sprachentwicklung ihres Kindes vorantreiben?

Auswahl einer Sprachlehrstrategie

Am Ende der ersten Elternveranstaltung bestimmen die Eltern gemeinsam mit der Sprachtherapeutin eine Sprachlehrstrategie, die sie in den nächsten zwei Wochen bewusst anwenden möchten. Die Sprachtherapeutin verdeutlicht anhand des folgenden, meist verblüffenden Experiments die „Macht der Nachahmung":

Laden Sie die Eltern zu einem kleinen Experiment ein. Sie sollen kurz aufstehen und dann geben Sie selbstsicher folgende Anweisung: „Bitte strecken Sie den rechten Arm senkrecht in die Luft" und gleichzeitig halten Sie Ihren eigenen rechten Arm horizontal zur Seite – der Effekt ist erstaunlich, fast alle Eltern achten nicht auf Ihre verbale Anweisung und strecken wie Sie selber den Arm auch seitlich (anstatt senkrecht) in die Luft.
Nach einer kurzen Verblüffung kommen meist Lachen und Erstaunen auf. Hier ist dann ein Hinweis auf die „Macht der Nachahmung" wertvoll, diese Macht ist auch in der Sprachförderung und in der elterlichen Interaktion mit ihrem Kind ein wertvoller Ansatzpunkt (Braun/Mannhard 2008).

zweite Elternveranstaltung

Nach gut zwei Wochen sollte der zweite Elternabend stattfinden. In einer ersten Runde werden die Erfahrungen, Erfolge und Stolpersteine mit dem bewussten Einsatz der individuellen Sprachlehrstrategien ausgetauscht und besprochen. Die Sprachtherapeutin verdeutlicht als Modell die vier Sprachlehrstrategien im Rollenspiel.

Die Eltern erhalten in der Folge ein schriftliches Transkript einer Lehrsequenz (Bonusmaterial Sprachförderfilm und Ordner „Daten/Lehrsequenzen_Transkripte") der entsprechenden Altersstufe.

Die Eltern markieren auf dem Transkript Sprachlehrstrategien, und im Anschluss daran wird die entsprechende Videosequenz abgespielt und besprochen.

Um die Routine mit den Sprachlehrstrategien zu erhöhen, üben die Eltern im Rollenspiel untereinander eine vorab ausgewählte Strategie.

Zum Abschluss sollen Nachhaltigkeit und Transfer in den Alltag unterstützt werden. Die Eltern erhalten dazu den Auftrag, bezogen auf die Sprachlehrstrategien ein Ziel für die nächsten drei Wochen zu formulieren. Eine Kopiervorlage befindet sich auf dem Multimediadatenträger („Brief an sich selber" im Ordner „Daten").

Nur die Eltern wissen um den Inhalt des Schreibens und die Sprachtherapeutin sendet den Eltern das geschlossene Couvert drei Wochen nach dem zweiten Elternabend zu.

Die zweite Veranstaltung kann auf humorvolle Art und Weise mit dem Bonusmaterial „Outtakes" des Sprachförderfilms beendet werden. Der entlastende Hinweis, dass auch Schauspieler nicht immer fehlerfrei sprechen, soll die Tatsache, dass „Sprache lernen" auch immer mit „Fehler machen" verbunden ist, betonen.

Einen Gesamtüberblick über die mögliche inhaltliche Ausgestaltung der drei Stufen von „ZIEL Sprachförderverhalten" gibt Tab. 7.

Tab. 7: Inhaltliche Ausgestaltung „ZIEL Sprachförderverhalten"

Stufe	möglicher Inhalt
1. Elternveranstaltung	Informationen Einführungsfilm Wandzeitung sprachförderndes Verhalten Filmausschnitt entsprechend dem Alter der Kinder Auswahl einer Sprachlehrstrategie / Besprechung Transfer
2. Elternveranstaltung	Erfahrungsaustausch Modell Therapeutin Transkriptarbeit Vertiefung Rollenspiel Zielformulierung für die nächsten drei Wochen
3. Eigenevaluation	Brief an sich selber

Unterstützend können die Materialien von Wendlandt (2010) und die Illustrationen zu Sprachlehrstrategien von Schlesiger / Mühlhaus (2011) eingesetzt werden.

„ZIEL Sprachförderverhalten" ist ein bewusst kompaktes Informations- und Beratungsangebot für Eltern und hat die Zielsetzung, auch weniger motivierte und sensibilisierte Eltern zu erreichen.

„Dabei ist es durchaus möglich, dass in besonders sensiblen Phasen ein relativ kleiner Aufwand fein abgestimmter Maßnahmen einen großen Effekt erzielen kann." (Dannenbauer 2001, 108)

weitere Einsatzmöglichkeiten

Der Sprachförderfilm „Mit Kindern sprechen und lesen – Sprache kitzeln" sowie das Konzept „ZIEL Sprachförderverhalten" können in adaptierter Version sehr gut auch bei Eltern von Risikokindern oder fakultativ im Rahmen einer Sprachtherapie eingesetzt werden. Interaktionsstudien von Eltern sprachauffälliger Kinder (Grimm 2003, Ritterfeld 2000) weisen darauf hin, dass Eltern nach der Diagnose „Sprachauffälligkeit" dazu verleitet werden, ihren Kommunikationsstil kontraproduktiv zu verändern. Sprachlehrstrategien werden deutlich weniger verwendet, es wird vermehrt „abgefragt", oder „ja/nein"-Antworten werden evoziert; teilweise werden diesen Kindern kompensatorisch die Kommunikation abgenommen und „Wünsche" von den Lippen gelesen. Die Eltern führen vermehrt Monologe und zeigen deutlich weniger dialogisches Verhalten. Auf Fehler reagieren diese Eltern mit vermehrt ausdrücklichen Hinweisen auf die fehlerhafte Äußerung.

präventives Ziel

Der Einsatz von „ZIEL Sprachförderverhalten" hat in diesem Arbeitsfeld einen klar präventiven Auftrag und kann in der logopädischen Elternarbeit einen wertvollen Beitrag zur Sicherung eines sprachfördernden Verhaltens der Eltern gegenüber ihrem sprachentwicklungsauffälligen Kind leisten.

Der Sprachförderfilm „Mit Kindern sprechen und lesen – Sprache kitzeln" kann auch in der Ausbildung von angehenden Sprachtherapeutinnen zur Verdeutlichung von Sprachlehrstrategien sowie zur aktiven Auseinandersetzung mit der Thematik (Lehrsequenzen als Bonusmaterial) eingesetzt werden.

Evaluation

Eine erste Evaluationsstudie des Sprachförderfilmes „Mit Kindern sprechen und lesen – Sprache kitzeln" ist ermutigend: Im Jahr 2010 wurde an der Universität Salzburg/Österreich eine Effektivitätsuntersuchung abgeschlossen. Es wurde die Frage bearbeitet, ob bei einer filmbasierten Instruktion zur Vermittlung von Sprachlehrstrategien (Kosack 2010) Mütter vermehrt diese Strategien einsetzen bzw. sich verstärkt sprachfördernd verhalten.

Wirksamkeit des Sprachförderfilmes

Verfahren

21 Mütter wurden randomisiert in eine **Experimentalgruppe** und eine **Kontrollgruppe** zugeteilt. Der Experimentalgruppe wurden das Einführungskapitel sowie das erste Kapitel (Zwei- bis Dreijährige) gezeigt. Eine an-

schließende Befragung mittels Fragebogen sollte die Frage klären, ob Mütter, die den Sprachförderfilm gesehen haben,

- mehr Kenntnisse über sprachförderndes Verhalten und Sprachlehrstrategien besitzen als die Kontrollgruppe,
- wie hoch die Akzeptanz gegenüber den Sprachlehrstrategien ist und
- wie sie die Qualität des Filmes einschätzen.

Hohe Relevanz hatte auch die Frage, ob Mütter der Experimentalgruppe häufiger und in angemessener Weise Sprachlehrstrategien einsetzen resp. weniger sprachhemmende Verhaltensweisen zeigen. Von allen Müttern wurden Videoaufnahmen beim gemeinsamen Bilderbuchbetrachten mit ihren Kindern (Dauer ca. acht Minuten) produziert und blind von Logopädiestudierenden ausgewertet, d. h. die Studierenden wussten nicht, welche der Mütter in der Experimentalgruppe waren. Auswertungskriterien waren das Auszählen der angewendeten Sprachlehrstrategien und Qualitätsbeurteilungen der Interaktion (sechsstufige Ratingskala zu insgesamt zwölf Beobachtungsitems; z. B. „Lässt sich die Mutter vom Interesse des Kindes leiten?").

Einschränkend muss aufgeführt werden, dass in der Effektivitätsstudie lediglich das Verhalten der Mütter (bei einer verhältnismäßig kleinen Stichprobe) zu einem Zeitpunkt eingeschätzt wurde und nicht eventuelle Effekte bei den Kindern im Fokus standen.

Die Mütter der Experimentalgruppe wendeten signifikant häufiger die Sprachlehrstrategien „Wiederholungen" und „Expansion" an. Im Bereich der sprachhemmenden Verhaltensweisen konnten keine deutlichen Unterschiede festgemacht werden, dies könnte allerdings am allgemein hohen Bildungsabschluss der Mütter liegen. Das Wissen der Experimentalgruppe war deutlich größer, und diese Personengruppe äußerte eine hohe Akzeptanz gegenüber den vermittelten Inhalten (ein hoher Prozentsatz gab an, die Anregungen und Tipps nach Betrachten des Filmes zu Hause umgesetzt zu haben). Sie beurteilten den Film als empfehlenswert und informativ.

Ergebnisse

6 Sprachförderung für alle Kinder

Das Unterkapitel zeigt im ersten Teil das Verständnis in der Differenzierung von Sprachförderung versus Sprachtherapie sowie von integriert versus integrativ auf. Im zweiten Abschnitt werden Umsetzungsmöglichkeiten von Sprachfördermaßnahmen beschrieben und diskutiert. Die Förderangebote wurden zum Teil evaluiert, und die Ergebnisse sowie Erfahrungen sollen Logopädinnen bei der Realisation von eigenen Projekten zur Verfügung stehen.

6.1 Sprachförderung versus Sprachtherapie – Begriffsdiskurs

Das Thema der Abgrenzung Sprachförderung versus Sprachtherapie wird teils (erstaunlich) emotional bis polemisch geführt.

Begriff Förderung

Hansen / Heidtmann hinterfragen die Gegenüberstellungsdiskussion schon im Titel ihres Artikels mit „Relevant, müßig oder interessant?" (2006, 266). Baumgartner etikettiert den Förderbegriff als ein „trojanisches Pferd, das viel verspricht und wenig hält" (2006, 268). Von Knebel bezeichnet Förderung als „ein in der Praxis fest etablierter und ausgesprochen vieldeutig verwendeter (vielleicht sogar inflationär gebrauchter) Begriff, der zugleich fachtheoretisch höchst unzureichend verankert ist" (2006, 278). Motsch sieht in diesem Zusammenhang sogar die Gefahr der „Deprofessionalisierung der (Sprach-)Heilpädagogik", die sich selber mit dem Förderanspruch (weg von der spezifischen Therapie) verbunden „mit dem Wunsch eines allseitig einsetzbaren heilpädagogischen Generalisten […] überflüssig […]" macht (2008, 4).

Aus berufspolitischer Sicht wird die Gefahr formuliert, dass „Förderung" eine versteckte Sparmaßnahme sein kann, mit dem Effekt, „dass Kindern mit Sprachentwicklungsstörungen die notwendigen Therapien unter Verweis auf die Durchführung von Sprachfördermaßnahmen vorenthalten werden" (Schrey-Dern 2006a, 6).

Zielgruppen-unterscheidung

Die Gruppe der Kinder kann grob in drei Gruppen mit unterschiedlichen Förderbedürfnissen unterteilt werden (vgl. Braun 2007, 2008):

- Kinder, die die Sprachentwicklung erfolgreich durchlaufen,
- spracharme Kinder, die z. B. aufgrund Bildungsferne, mangelndem Input und sozialer Benachteiligung ihr sprachliches Potential nicht ausschöpfen können,
- Kinder mit einer Spracherwerbsstörung.

In unseren Augen muss von einem Kontinuum ausgegangen werden, und es zeichnen sich nicht so klare Grenzen zwischen den Kindern ab. Die Gruppe der Kinder mit einer Spracherwerbsstörung benötigt eine Therapie, sie können aber fakultativ von einer integrierten Sprachförderung zusätzlich profitieren.

Wenn Salutogenese und Pathogenese und damit Gesundheit und Krankheit als Kontinuum angesehen werden, sind konsequenterweise auch Gesundheitsförderung, Prävention und Therapie als Kontinuum zu denken. Der Gesundheitsförderung geht es um die Beeinflussung allgemeiner Entwicklungsfaktoren, der Prävention geht es um die Beeinflussung spezieller Entwicklungsfaktoren (Tab. 8) (s. auch Hafen 2007, 56f, Schrey-Dern 2006b, Braun/Steiner 2007).

Begriffsabgrenzung in der Übersicht

Tab. 8: Gesundheitsförderung, Prävention und Therapie in der Übersicht

„normal"	„gefährdet"	„abweichend"
Konformität	„noch" gesund / „noch nicht" krank	Beeinträchtigung
Gesundheitsförderung	**Prävention**	**Therapie**
Ausgangspunkt der Betrachtung: Zukunft	Ausgangspunkt der Betrachtung: Zukunft	Ausgangspunkt der Betrachtung: Vergangenheit
Gesamtpopulation ohne Auswahlkriterien	ausgewählte Zielgruppe nach einer strukturierten Beobachtung	Einzelfall nach hypothesengeleiteten Diagnostik
Schwerpunkt Beratung	Schwerpunkte Beratung / Förderung / Gruppenangebote	Schwerpunkte: Beratung / Förderung / Gruppentherapie / Einzeltherapie
Sprachbildung (basale Fertigkeiten)	Früherkennung, Sprachförderung (fokussierte Programme)	Sprachtherapie (gezielte, individualisierte Intervention)
Pädagogin (plus Logopädin)	Pädagogin (plus Logopädin)	Logopädin (plus Pädagogin)
Einbezug der Eltern sinnvoll	Einbezug der Eltern erforderlich	Einbezug der Eltern unabdingbar
Finanzierung durch Bildungswesen	Finanzierung meist durch Bildungswesen	Finanzierung durch Bildungs- und/oder Gesundheitswesen

Eine mögliche modellhafte Vorgehensweise verdeutlicht auch ein Ablaufdiagramm, welches das Vorgehen in der Schweiz mit der traditionell engen pädagogischen Verknüpfung der Logopädie mit dem Schulwesen skizziert (*www.logopaedieundpraevention-hfh.ch*) (Abb. 13).

Welche Sprachförderangebote sollen nun in den Kindertagesstätten umgesetzt werden? In Folge der PISA-Ergebnisse wurden teils in aktivistischer, unkoordinierter und temporeicher Weise Sprachförderprogramme kreiert.

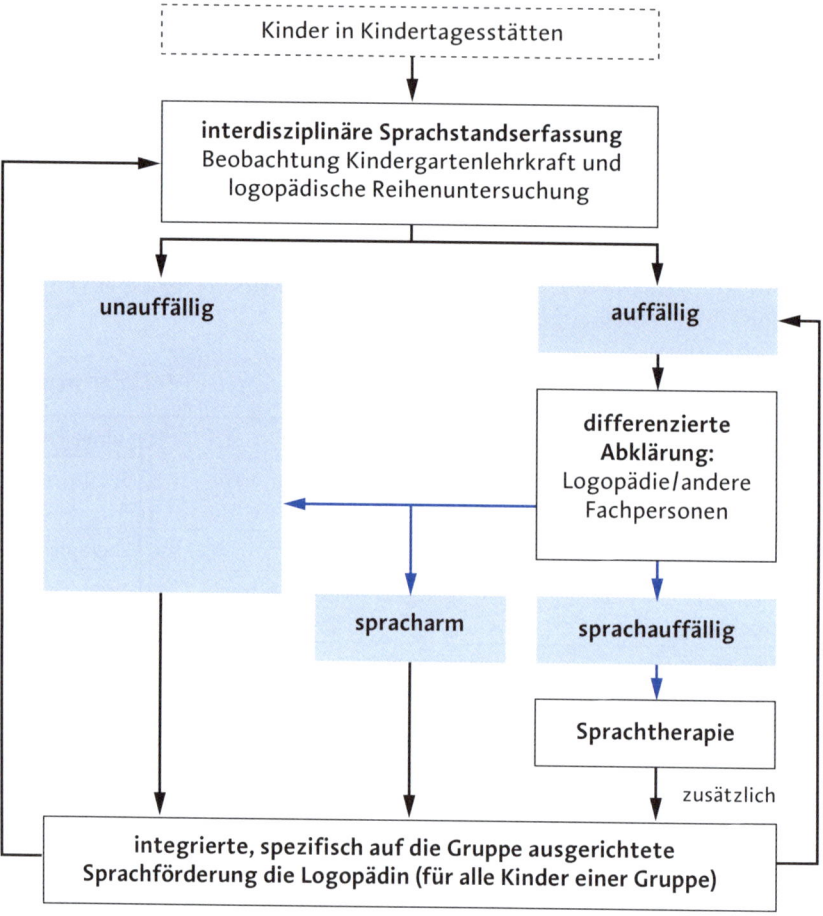

Abb. 13: Sprachförderung für Kinder

6.2 Flut von Sprachförderprogrammen

Eine kriteriengeleitete Zusammenstellung (Übersicht unter *www.logopaedieundpraevention-hfh.ch*) zeigt auf, dass bei den Programmen/Materialien

- der Grad der Strukturiertheit sehr schwankend ist,
- die wenigsten theoriegeleitet sind,
- die ausführende Person meist die Kindertagesstättenlehrperson ist, kooperative interprofessionelle Förderangebote werden nicht thematisiert,
- die Spiel- und Übungsanregungen oft sehr zweidimensional gehalten werden (Arbeitsblätter),
- die Zielgruppe sich mehrheitlich an Kita- und Unterstufenkindern orientiert,
- ein Überangebot im Bereich phonologische Bewusstheit festzustellen ist,
- keine vorgängige Sprachstandserfassung (wie z.B. Reihenuntersuchung) vorgesehen resp. empfohlen wird. Das Programm wird unabhängig vom Leistungsstand der Gruppe/der einzelnen Kinder durchgeführt.

Gerade der letzte Punkt erweist sich als ein großer Schwachpunkt dieser Materialien. Förderprogramme sind nicht per se gut, sondern sollen sich an den Ressourcen und Schwächen der jeweiligen Kinder orientieren. Hier braucht es professionell-logopädische Unterstützung. Es wäre geradezu fatal, wenn die Hoffnung geschürt wird, dass unspezifische Sprachförderprogramme oder funktionalisierte Methodenkompendien Kindern mit Spracherwerbsstörungen als Ersatz für Sprachtherapie verkauft werden.

Qualität der Förderprogramme

Die Effizienz von Sprachförderprogrammen wird durch die Evaluationsstudie zur Sprachförderung von Vorschulkindern EVAS (Hasselbach et al. 2007) sehr in Frage gestellt. Im Pre-Post-Test-Vergleich von drei Sprachförderprogrammen (Kaltenbacher/Klages, Tracy und Penner) kommt die Studie zum Ergebnis, dass die drei untersuchten Sprachförderprogramme keine spezifischen, unmittelbaren Effekte auf die sprachliche Kompetenz der Kinder (N = 544) haben. Es war kein Unterschied zwischen geförderten und nicht geförderten Kindern der Stichprobe und zwischen den einzelnen Programmen nachweisbar. Die Autoren interpretieren dieses überraschende Ergebnis u.a. mit der mangelnden Kompetenz der angelernten „Sprachförderlehrkräfte", mangelnder Passung von Sprachförderprogramm und Fördergruppe, dem Zeitpunkt der Sprachförderung sowie den interventionsunabhängigen Moderatorenvariablen (sozialer Status, Intelligenz, Bildungsstand der Eltern).

Überraschende Forschungsergebnisse

hoher Anspruch an Sprachförderung

Sprachförderung bedarf hoher Kompetenz der Förderperson; sie muss auf die Gruppe inhaltlich und zeitlich abgestimmt sein, differenziertes, individualisiertes Lernen soll umgesetzt und dem Aspekt Kommunikation / Sprechanlässe Raum gegeben werden (Braun / Mannhard 2008). Spracherwerb wird durch sinnliche Erkenntnisfähigkeit geprägt, die Kommunikationsanlässe müssen authentisch, alltagsnah und für das Kind bedeutungsvoll sein. Isolierte, hoch strukturierte und auf Defizite sowie Schwächen ausgerichtete Sprachförderprogramme sind der Sache nicht dienlich. Wir ermutigen zum kreativen und situationsangepassten Umgang mit anregenden Umsetzungsvorschlägen / Elementen der erwähnten Sprachfördermaterialien.

> „Es besteht heute überhaupt kein Zweifel daran, was die Sprache nachhaltig fördert: eine integrierte Sprachförderung geschieht vor allem durch die Merkmale, die Sprache außergewöhnlich stark aktivieren, provozieren, lebendig werden lassen: ein Miteinander Sprechen, Miteinander Singen, […] Dialoge pflegen und gemeinsam auf die Suche nach Antworten gehen […]." (Krenz in Braun / Mannhard 2008, 15)

6.3 Verständnis von integrierter Sprachförderung

Integrierte Sprachförderung ist in den Lebensalltag eingebaut, geschieht unspezifischer, beschreibt den Ort der Maßnahme und zielt im Sinne der Gesundheitsförderung auf die Stärkung von Schutzfaktoren und Ressourcen (Resilienz) *aller Kinder einer Gruppe*. Es entwickelt sich ein komplementäres Nebeneinander von verschiedenen Lernorten.

institutionelle Sprachförderung

Pädagogin und Logopädin gestalten gemeinsam Sprachfördersequenzen, die im für das Kind gewohnten Rahmen stattfinden. Aus spracherwerbstheoretischer Sicht ist eine institutionelle Sprachförderung – in bewusster Abgrenzung zur Sprachtherapie – erstrebenswert. Die hochsensiblen Sprachentwicklungsphasen, u. a. in den Bereichen Wortschatz (Semantik und Lexikon), Satzbau (Syntax) und Sprachbewusstheit, können im Rahmen einer integriert-kooperativen Sprachförderung nachhaltig und niederschwellig, d. h. effizient, institutionsnah und im für das Kind gewohnten Rahmen unterstützt werden – und dies bei allen Kindern einer Gruppe!

fall- und fachbezogene Interventionen

Deutlich wird die Unterscheidung durch die Begriffe fallbezogene und fachbezogene Intervention. Bei der *fallbezogenen Intervention* ist der Fokus auf ein Kind / eine Kindergruppe mit besonderen Bedürfnissen gerichtet, und die Vorgehensweise ist an diesen spezifischen Bedürfnissen orientiert.

Bei der *fachbezogenen Intervention* bringt die Logopädin ihr Fachwissen in das Unterrichtsgeschehen ein (integrierte Vorgehensweise). Integrierte Sprachförderung versteht sich als fachbezogene Maßnahme.

6.4 Erfahrungswerte bezüglich integrierter Sprachförderung

1. Kitalehrkräfte schätzen Austausch und Kooperation. Sie stehen grundsätzlich integrierter Sprachförderung durch eine Logopädin offen gegenüber: eine wertvolle Basis für innovative Zusammenarbeit.
2. Die Gestaltung der Förderstunden ist bezüglich Unterrichtsform, Methodik-Didaktik und direkter Kooperation für einige Logopädinnen Neuland – Offenheit, Fehlertoleranz, Mut und Bereitschaft zur Weiterentwicklung sind wünschenswert und erleichternd.
3. Integrierte Sprachförderung ist eine Förderung der Kinder und eine praxisnahe Weiterbildung für alle beteiligten Fachpersonen – eine präventive Win-Win-Situation.
4. Eltern sollen bewusst in die integrierte Sprachförderung miteinbezogen werden (offene Förderlektionen mit Eltern, Elternabende, schriftliche Informationen).
5. Gemeinsam erarbeitete, konkrete Praxisanregungen über Fördermöglichkeiten zwischen den einzelnen Fördereinheiten und am Ende der gemeinsamen Sprachfördersequenz erhöhen die Nachhaltigkeit.
6. Zeitlich begrenzte, gut dokumentierte Pionierprojekte können eine wirkungsvolle „Initialzündung" darstellen. Freiwilligkeit, Motivation und Neugierde sind wertvolle Parameter bei Pionierprojekten.

Wir haben die Erfahrung gemacht, dass diese präventive und gesundheitsfördernde Maßnahme Kindern in ihrer Sprachentwicklung wertvolle Impulse vermitteln kann. Aber auch Kinder mit Sprachauffälligkeiten profitieren: Es ist bemerkenswert, dass bei Kindern, die sowohl in der logopädischen Einzeltherapie als auch an den Sprachförderstunden teilnahmen, sich die Therapiezeiten verkürzten. Mögliche Gründe könnten sein: vorgängiger Beziehungsaufbau in der gewohnten Gruppe, größeres Diagnostikspektrum (Einzel- und Gruppenerleben), hoher Alltagsbezug und gute Transfermöglichkeiten. Somit ist die Sprachfördermaßnahme ökonomisch gesehen nicht nur ein Mehraufwand.

Mehrwert integrierter Sprachförderung

7 Früherkennung darf kein Zufall sein

Wie bereits begründet (Kap. 1 und 2), ist die Bestimmung und die frühe Erkennung von Risikofaktoren eine zentrale Aufgabe der logopädischen Präventionsarbeit. Ziel muss es sein, dass das Umfeld des Kindes Entwicklungsauffälligkeiten zuverlässig und frühzeitig erkennt und entsprechende Handlungsschritte eingeleitet werden. Um nicht-logopädischen Fachpersonen diese Aufgabe zu erleichtern, entwickelten wir in den letzten Jahren Instrumente der Früherkennung, die „Kompasse" (Kap. 1.3). Es handelt sich bei diesen Entscheidungshilfen um Beobachtungsbögen, die sich nicht als Diagnoseverfahren verstehen, sondern Hilfestellungen für die Entscheidung des weiteren Vorgehens für Fachpersonen und Eltern geben. Weist das Kind aufgrund der Ergebnisse ein Entwicklungsrisiko auf, werden eine Beratung und eine Abklärung bei einer Logopädin empfohlen. Die Kompasse wurden auf der Basis von Literaturrecherchen und Experteninterviews entwickelt und sind einheitlich strukturiert. So erhalten z. B. die Leser bei jedem Kompass auf der Innenseite der Mappe kompakte spracherwerbstheoretische Informationen in tabellarischer Form. Die Entscheidungshilfen decken die Bereiche Redefluss, frühe Sprachentwicklung, Lautspracherwerb und Erstlesen ab.

Die vier Entscheidungshilfen „SpracherwerbsKompass", „LautspracherwerbsKompass", „Redeflusskompass", „LesekompetenzKompass" befinden sich auf der DVD im Ordner „Daten".

ICF Risiko und damit Ansatzpunkte der Früherkennung und Beratung definieren sich über interagierende bio-psycho-soziale Merkmale. Diese Merkmale spiegeln sich in den Items der Entscheidungshilfen wider.

Vertiefende Informationen sowie die zu Grunde liegenden Entwicklungsarbeiten können unter *www.logopaedieundpraevention-hfh.ch* eingesehen werden.

Ferner kann unter dieser Webadresse auch die nach dem Druck dieser Publikation entstandene Entscheidungshilfe „SprachverständnisKompass" (Braun et al. 2012) heruntergeladen werden.

7.1 Der RedeflussKompass zur Früherkennung beginnenden Stotterns

Die Früherfassung von Kindern mit Sprechunflüssigkeiten hat präventiven Charakter. Die Kriterien für eine differentialdiagnostische Erfassung von Sprechunflüssigkeiten im frühen Kindesalter gehen über die Symptomatik hinaus und stellen das Individuum ins Zentrum eines Gefüges, das aus physiologischen, psycholinguistischen und psychosozialen Variablen besteht. Eine schriftliche Befragung von Kinderärztinnen und Kinderärzten in der deutschsprachigen Schweiz hat gezeigt, dass mit dem Stotterverdacht in der Pädiatrie sehr unterschiedlich umgegangen wird. Die Entscheidungshilfe „RedeflussKompass Version 2.0" (Braun et al. 2011a) soll einen Beitrag zur Früherfassung und Weiterweisung von unflüssig sprechenden Kindern mit Stotterverdacht leisten. Der Redeflusskompass (RFK) entstand 2008 in einer ersten Version und wurde von Braun et al. auf der Basis der „Danger Signs" von Johannsen/Schulze (1986) weiterentwickelt.

Grundidee

Im Rahmen des HfH-Forschungsprojektes „Empirische Abstützung des RedeflussKompasses" wird die Entscheidungshilfe evaluiert und weiterentwickelt (Kohler 2011). Als erstes Zwischenergebnis ist nun der „RedeflussKompass Version 2.0" (RFK 2.0) (Braun et al. 2011a) veröffentlicht.

empirische Abstützung

Der Kompass ist in drei Teile unterteilt:

Aufbau des RFK 2.0

- Der erste Teil thematisiert Druck oder Sorgen seitens der Bezugspersonen, die für eine logopädische Beratung oder Abklärung ausschlaggebend sein können. Sie fühlen sich unsicher im Umgang mit den Unflüssigkeiten. Beratung kann hier Entlastung bringen. Weiter sind beobachtbare „Anspannungen" beim Sprechen wichtige Indikatoren für Beratung und Abklärung.
- Der zweite Teil besteht aus 14 Beobachtungskriterien, die von der Fachperson im Frühbereich in Bezug auf das beobachtete Kind oder nach Befragung der Bezugspersonen als zutreffend oder nicht zutreffend zu beurteilen sind.
- Der dritte Teil benennt zusätzliche Faktoren, die eine logopädische Beratung oder Abklärung bekräftigen können. Aufgrund des entscheidungsbegleitenden Charakters wird in diesem Teil auf eine Punktevergabe verzichtet. Die Faktoren sind nicht direkt zu beobachten, sondern müssen bei nahen Bezugspersonen des Kindes erfragt werden.

Die Fachperson erhält die nötigen Informationen einerseits durch Beobachtung, andererseits durch die Befragung der Eltern. Wenn das Kind sich in den Gesprächssituationen frei äußert, können diese Äußerungen zur

Durchführung

Erfassung der Art und Häufigkeit der Symptomatik herangezogen werden (**Beobachtungsanteil**). Die Langzeitbeobachtungen der Bezugspersonen haben aufgrund der situativen Variabilität des Stotterns hohe Bedeutung (**Befragungsanteil**).

Die Fachperson umkreist die Punktezahl der zutreffenden Antwort. Die Summe der umkreisten Punktewerte wird auf dem Bogen unten eingetragen.

Auswertung und Empfehlung

Wenn sich Bezugs- und/oder Fachpersonen bezüglich des Redeflusses des Kindes Sorgen machen (Teil 1), ist der Austausch mit einer logopädischen Fachperson in jedem Fall empfehlenswert. Gleiches gilt bezüglich des Grades der Anspannung (vier Punkte pro Antwort).

Je mehr der Beobachtungskriterien (Teil 2) auf das Kind zutreffen, umso wahrscheinlicher ist es, dass eine logopädische Beratung in Betracht zu ziehen ist. Eine Beratung bzw. Abklärung kann, muss aber nicht in eine Sprachtherapie münden.

7.2 Der SpracherwerbsKompass als Entscheidungshilfe bei Kindern im Alter von 2,6 bis 4,0 Jahren

Grundidee

Der SpracherwerbsKompass (Brand et al. 2009) ist eine Entscheidungshilfe, die im Frühbereich tätigen Fachpersonen wie beispielsweise Kleinkinderzieher/-innen oder KinderärztInnen die Entscheidung erleichtern soll, ob eine logopädische Beratung oder Abklärung zu empfehlen oder einzuleiten ist. Dabei soll es im Sinne der Früherkennung Ziel sein, Kinder im Alter von 2,6–4,0 Jahren mit einem Risiko für spezifische Spracherwerbsstörungen und Sprachauffälligkeiten zu erkennen, um allenfalls logopädische Interventionen einleiten zu können. Der SpracherwerbsKompass ist für Kinder mit Erstsprache Deutsch konzipiert, die keine sensorischen, schwerwiegend neurologischen, emotionalen oder kognitiven Schädigungen aufweisen. Er enthält Beobachtungskriterien zu Sprachproduktion, Kommunikation, Spiel- und Sozialverhalten.

Aufbau

Der SpracherwerbsKompass beinhaltet zwei Erfassungsbögen:

- Bogen 1 für Kinder im Alter zwischen 2,6 und 3,0 Jahren,
- Bogen 2 für Kinder im Alter zwischen 3,0 und 4,0 Jahren.

Die Bögen bauen nicht aufeinander auf und sind entsprechend dem Lebensalter des Kindes zu wählen. Sie sind je in drei Teile unterteilt:

- Der erste Teil thematisiert Druck oder Sorgen seitens der Eltern, die für eine logopädische Beratung oder Abklärung ausschlaggebend sein können.
- Der zweite Teil besteht aus je 14 Beobachtungskriterien, die von der Fachperson im Frühbereich in Bezug auf das beobachtete Kind als zutreffend oder nicht zu beurteilen sind. Die Beobachtungskriterien sind positiv formuliert, so dass die Beurteilung ressourcenorientiert ausfällt.
- Der dritte Teil benennt zusätzliche Faktoren, die eine logopädische Beratung oder Abklärung bekräftigen können. Diese sind nicht direkt zu beobachten, sondern müssen bei nahen Bezugspersonen des Kindes erfragt werden.

Die Fachperson erhält die nötigen Informationen einerseits durch Beobachtung, andererseits durch die Befragung der Eltern. Die Anzahl der Ja-Antworten wird auf dem Beobachtungsbogen schriftlich festgehalten.

Durchführung

Wenn sich Eltern bezüglich des Spracherwerbs ihres Kindes Sorgen machen, ist der Austausch mit einer logopädischen Fachperson in jedem Fall empfehlenswert.

Auswertung und Empfehlung

Je mehr der Beobachtungskriterien auf das Kind zutreffen (Ja-Antworten), umso wahrscheinlicher ist es, dass keine logopädische Beratung oder Abklärung in Betracht zu ziehen ist. Sollten zwei oder mehr Beobachtungskriterien nicht zutreffen, empfehlen wir auf jeden Fall den Austausch mit Eltern und/oder eine logopädische Beratung bzw. Abklärung.

Die Faktoren (Teil 3) können die Entscheidung für eine logopädische Beratung oder Abklärung bekräftigen. Das alleinige Zutreffen einzelner Faktoren reicht jedoch nicht aus, eine logopädische Intervention zu empfehlen.

7.3 Der LautspracherwerbsKompass – lautsprachliche Auffälligkeiten früh erkennen

Der LautspracherwerbsKompass (Braun et al. 2011c) ist eine Entscheidungshilfe für Kitalehrpersonen, die bei der Entscheidung über die Notwendigkeit einer logopädischen Beratung oder Abklärung unterstützen soll. Kinder im Alter von 4,0 bis 6,0 Jahren mit lautsprachlichen Auffälligkeiten sollen frühzeitig erkannt werden.

Grundidee

Der Kompass kann ein Hilfsmittel für eine Einleitung einer eventuellen logopädischen Intervention sein. Er stellt in der Zusammenarbeit Kindertagesstätte – Logopädie eine Gesprächsgrundlage in der Förderplanung dar. Der LautspracherwerbsKompass wurde für Kinder mit Erstsprache Deutsch konzipiert.

ICF berücksichtigen

Die Denkweise der ICF erweitert den Fokus über die auffällige Sprechfunktion hinaus – eine Auffälligkeit wird im Zusammenspiel von Körper, Person und Umwelt verstanden. Aspekte der Aktivität und Partizipation fließen beim LautspracherwerbsKompass mit ein – Deutlichkeit (in der Kommunikation) sowie Verständlichkeit (in der Interaktion) sind wertvolle Früherkennungsdimensionen. Das Umfeld (Kontextfaktoren) trägt durch die wichtigen Kriterien „Sorgen der Eltern" und „Reaktionen der Umwelt" maßgeblich zur Planung des weiteren Vorgehens bei.

Aufbau

Der LautspracherwerbsKompass beinhaltet zwei Erfassungsbögen:

- Bogen 1 für Kinder im Alter zwischen 4,0 und 4,11 Jahren,
- Bogen 2 für Kinder im Alter zwischen 5,0 und 6,0 Jahren.

Die Bögen bauen nicht aufeinander auf und sind entsprechend dem Lebensalter des Kindes zu wählen. Sie sind je in drei Teile unterteilt:

- Der erste Teil thematisiert Druck oder Sorgen seitens der Eltern, die für eine logopädische Beratung oder Abklärung ausschlaggebend sein können. Die Verständlichkeit des Kindes bestimmt maßgeblich das weitere Vorgehen.
- Der zweite Teil besteht aus je neun Beobachtungskriterien, die von der Kitalehrperson in Bezug auf das zu beobachtende Kind als zutreffend oder nicht zutreffend zu beurteilen sind. Die Beobachtungskriterien sind positiv formuliert – Auffälligkeiten werden mit „trifft nicht zu" markiert.
- Der dritte Teil benennt zusätzliche Faktoren, die eine logopädische Beratung oder Abklärung bekräftigen können.

Durchführung

Die Fachperson erhält die nötigen Informationen einerseits durch Beobachtung, andererseits durch die Befragung der Eltern. Die Anzahl der „trifft nicht zu"-Antworten wird auf dem Beobachtungsbogen schriftlich festgehalten.

Auswertung und Empfehlung

Wenn sich Eltern bezüglich des Lautspracherwerbs ihres Kindes Sorgen machen (Teil 1), ist der Austausch mit einer logopädischen Fachperson in jedem Fall empfehlenswert.

Die Verständlichkeit des Kindes ist ein wichtiger Gradmesser der Kommunikationskompetenz und fließt maßgeblich in die Entscheidung des weiteren Vorgehens ein. Je mehr positive Beobachtungskriterien (Teil 2) auf das Kind zutreffen, umso wahrscheinlicher ist es, dass keine logopädische

Beratung oder Abklärung in Betracht zu ziehen ist. Sollten zwei oder mehr Beobachtungskriterien nicht zutreffen, empfehlen wir auf jeden Fall eine logopädische Beratung bzw. Abklärung. Eine solche kann, muss aber nicht in eine Sprachtherapie münden.

Zusätzliche Faktoren (Teil 3) können die Entscheidung für eine logopädische Beratung oder Abklärung bekräftigen. Das alleinige Zutreffen einzelner Faktoren reicht jedoch nicht aus, um eine logopädische Intervention zu empfehlen.

7.4 Der LesekompetenzKompass – ein prozessorientierter Beobachtungsbogen zur Früherfassung von Leseerwerbsschwierigkeiten

Der LesekompetenzKompass (Braun et al. 2011b) ist eine Entscheidungshilfe für Lehrpersonen von ersten Klassen. Er erleichtert die Entscheidung, ob eine Beratung bzw. Abklärung bei der zuständigen Fachperson einzuleiten ist. Zusätzlich zur Früherkennung dient der Kompass als Kommunikationsbasis für den Austausch von Lehrpersonen, Fachpersonen und Eltern über Leseleistungen des Kindes.

Der Kompass enthält Beobachtungskriterien zu Voraussetzungen des Lesens, dem Leselernprozess und weiteren, auf das Lesen einwirkenden Faktoren. Die Kriterien können allesamt im Unterricht beobachtet oder bei der Erzieherin oder den Eltern erfragt werden.

Der LesekompetenzKompass ist für Kinder mit Erstsprache Deutsch konzipiert. Für fremdsprachige Kinder muss individuell je nach Sprachkompetenz entschieden werden, welche Beobachtungen aussagekräftig sind.

Wir möchten Lehrpersonen dazu ermutigen, frühzeitig eine Fachperson zur Beratung oder Abklärung hinzuzuziehen. Die sensible Phase des Leseerwerbs sollte möglichst reibungslos und mit Freude erfolgen. Rechtzeitige Beratung und Unterstützung bei Schwierigkeiten sind unerlässlich.

Das Screening beinhaltet drei Erfassungsbögen und wird zu verschiedenen Zeitpunkten angewandt (Abb. 14).

Aufbau

- Bogen A: für alle Kinder Ende des ersten Quartals des ersten Schuljahres auszufüllen. Bei Auffälligkeiten zu diesem Zeitpunkt:
  - Erfragen von entwicklungsbiografischen Hinweisen (Vorläuferfähigkeiten)

- Bogen B: Dieser Teil wird Ende erstes Schulhalbjahr der ersten Klasse ausgefüllt. Er kann ebenfalls eingesetzt werden, wenn das Kind im Zeitpunkt A unauffällig, im Laufe des Halbjahres aber dennoch Anzeichen für Schwierigkeiten im Leseerwerb aufweist.

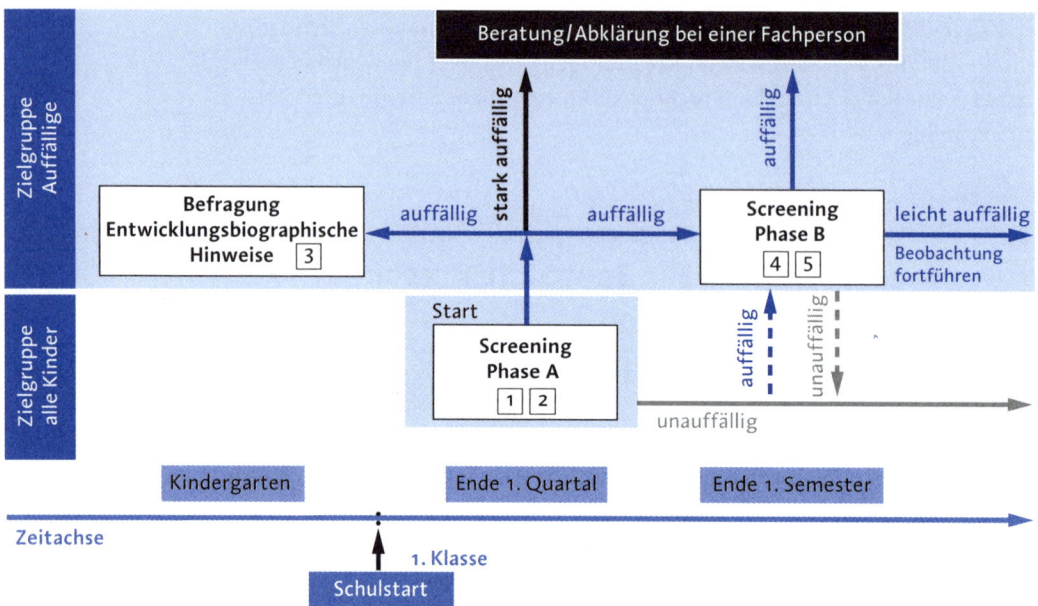

Abb. 14: Ablaufdiagramm LesekompetenzKompass

Durchführung und Auswertung

Im Herbst am Ende des ersten Quartals wird der Bogen Phase A für alle Kinder ausgefüllt. Die Anzahl der „trifft nicht zu"-Antworten wird in das Auswertungsraster am Ende des Bogens in das entsprechende Feld eingetragen.

Der Schnittpunkt von Zeile (Teil 1) und Spalte (Teil 2) weist auf ein mögliches weiteres Vorgehen hin.

Bei entwicklungsauffälligen Kindern werden zudem entwicklungsbiografische Hinweise erfragt, und es wird eine Beratung und / oder Abklärung empfohlen.

Bei leicht auffälligen Kindern wird die weitere Entwicklung beobachtet und ein erneutes Screening am Ende des ersten Halbjahres (Phase B) durchgeführt. Das Durchführungs- und Auswertungsvorgehen ist dann analog Phase A. Auswertungsbeispiele findet man unter *www.logopaedieundpraevention-hfh.ch/leseerwerbskompass*.

8 Verstehen Sie mich? – Beratungstools und Unterstützungsangebote in der Arbeit mit Migrationsfamilien

Die Rückmeldungen aus der Praxis sprechen eine deutliche Sprache: Bei vielen Familien mit Migrationshintergrund ist eine Bildungsferne und damit verbunden geringe Lesekompetenzen auch in der Erstsprache festzustellen (Huwiler/Wiederkehr 2008).

In der beratenden Arbeit von Logopädinnen und Logopäden sind somit schriftliche Informationen in Erstsprachen für Migrationsfamilien nur einem gewissen Anteil des Zielpublikums zugänglich. Nichtsdestotrotz haben wir auf der Website *www.logopaedieundpraevention-hfh.ch* Informationsflyer in verschiedenen Sprachen zur Verfügung gestellt.

Als neuen *„Beratungs-Zugangsweg"* wurden im Rahmen unseres Entwicklungsprojektes Audioinformationen in 16 Sprachen übersetzt und in einem professionellen Tonstudio mit muttersprachlichen Sprechern und Sprecherinnen vertont:

Audioinformationen zu Mehrsprachigkeit

- albanisch
- arabisch
- deutsch
- englisch
- französisch
- italienisch
- kroatisch
- kurdisch
- mazedonisch
- niederländisch
- portugiesisch
- rätoromanisch
- russisch
- spanisch
- tamilisch
- türkisch

Thematisch präsentieren die Audioinformationen Wissenswertes zum Spracherwerb bei Mehrsprachigkeit. Ferner wird den Zuhörern und Zuhörerinnen in einer zweiten Information unter dem Titel „Was ist Logopädie" das Berufsfeld sowie die Arbeitsweise von Logopädinnen erläutert.

Diese Aufnahmen können in der Beratung den betroffenen Familien in ihrer „Muttersprache" (L1) via PC vorgespielt werden. Die Audiofiles befinden sich in hoher Qualität auf dem Multimediadatenträger im Ordner „Audio". Im Ordner „Daten/Texte-Audioinformationen" befindet sich auch jeweils eine PDF-Datei mit dem deutschsprachigen Text der beiden Informationen.

Vertiefende Informationen zu diesem Entwicklungsprojekt können unter *www.logopaedieundpraevention-hfh.ch/praxis* eingesehen werden.

Mögliche Unterstützungsangebote bei Migrationshintergrund sind:

- Die **Sprachbildung** in der Kindertagesstätte sollte die Bildungssprache Hochdeutsch vorbereiten, die Sprachvielfalt würdigen, an die Welt von Büchern, Spielen (auch am Tisch) heranführen und Kontakte zwischen Eltern vermitteln.
- Für die **Sprachförderung** sollten Erzieherin und Logopädin gemeinsam ein Konzept erarbeiten, das einerseits dem Prinzip Inhalt vor Form in der Sprachvielfalt (Sprechfreude vor Korrektheit) und andererseits dem Prinzip Vorbereitung auf Sprachanalyse und -synthese (Literacy-Orientierung) folgt.
- Für die **Eltern(zusammen-)arbeit** sollte die Institution im interprofessionellen Team Angebote für Eltern erarbeiten, die über Informationen und Instruktion hinausgehen und Förder-, Trainings-, Beratungs-, Kontakt- und Entlastungsmodule anbieten. Begriffe wie „Lernpatenschaften, Peer-Counceling-Programme, Einzelfallberatung, community resilience" usw. (Fingerle 2010) sollten mit Inhalt gefüllt und in ein System gebracht werden.
- Vor der Elternarbeit steht die **Information**.
  Hier können unsere Audiofiles, die in 16 Sprachen über Sprachentwicklung und Logopädie informieren, hilfreich sein.
- Falls **Therapie** notwendig wäre, spielt die Lebensbedeutsamkeit und das Erleben einer Sprachhandlungsfähigkeit in verschiedenen Sprachen und weniger die Korrektur linguistisch erfassbarer Strukturen die wesentliche Rolle (Frigerio 2010).

bereitstehende Adaptationen

Es gibt eine Fülle von interkulturellen Förderprogrammen, die auch Sprache und Kommunikation fokussieren.

Zehn Beispiele sind exemplarisch auf dem Multimediadatenträger dargestellt (PDF „Interkulturelle Förderprogramme" im Ordner „Daten").

Die dort aufgeführten Programme sind Programme der Frühförderung und größtenteils als „allgemein" einzustufen, lediglich das Heidelberger Elterntraining und das Konzept „Zürcher Impulse ELterliches Sprachförderverhalten" sind spezielle sprachzentrierte Angebote.

Wenn wir auf zwei wichtige Studien schauen, die Wirkfaktoren im Bereich Elternarbeit bestimmen (EPPE 2009, NICHD-Studie 2003), ergeben sich vor allem drei Schlussfolgerungen:

Wirksamkeit

1. Die Institution und ihre Akteure sollten intensiv mit den Eltern kooperieren.
2. Es ist sinnvoll, in eine frühe Fremdbetreuung zu investieren, da so ein wohnortnahes außerfamiliäres Zusatzangebot entsteht (früher Eintritt in die Kindertagesstätte).
3. Förderung setzt gut gebildete Akteure voraus, die sich in gut definierten und gleichzeitig offenen Rahmenbedingungen hinsichtlich Leitlinien, Zielen und Vorgehensweisen abstimmen.

Dies bedeutet letztlich: Familien sollten gestärkt werden und außerschulische Angebote sollten gut sortiert und zugänglich sein. Wenn für Familien eine Kultur des Lernens attraktiv ist, ist der wesentliche Schritt getan (Bildungsdirektion 2009).

9 Fazit zu den Praxistools

Der Einsatz von logopädischem Fachwissen im Handlungsfeld der Gesundheitsförderung und Prävention muss aus politisch-gesellschaftlicher und gesundheitlicher Sicht selbstverständlicher werden (Heinzelmann/Bilda 2011).

„Lieber früh investieren als spät reparieren" (Kahl 2006, 23) hat auch für den Berufsauftrag der Logopädin Gültigkeit und stellt eine Herausforderung dar.

ICF-Bezug Mit den vorgestellten Tools für die logopädische Arbeit stehen konkrete, erprobte und theoriegeleitete Materialien zur Verfügung (Kap. 5.2, 7 und 8). Den Materialien gemeinsam ist ein starker Einbezug des Umfeldes der Kinder, was der Denkweise der ICF entspricht, die Umweltfaktoren, Partizipation und Teilhabe betont. Frühe Interventionen können die (Sprach-)Kompetenz erhöhen und zur Überwindung von Risiken und damit zur Chancengleichheit beitragen.

Eine anregende Gestaltung der Umwelt („ZIEL Sprachförderverhalten", integrierte Sprachförderung), die Früherkennung von Risiken (Kompasse) sowie das Verständnis über Entwicklungsabläufe und deren Förderung (Audioinformationen für Migrationsfamilien) sind Bausteine auf dem erstrebenswerten Weg, Kindern Zugang zu ihren Entwicklungspotentialen zu ermöglichen und einer *Spracharmut* entgegen zu treten.

Schlusswort

Ein wesentlicher Aspekt des Buches ist, dass Gesundheitsförderung / Prävention ein gesamtgesellschaftlicher Prozess ist; Aktionen einzelner Professionen sind auf ein Gesamtkonzept in einem kommunizierenden, reflektierenden, interprofessionellen Team abgestimmt. Je spezifischer die Aufgabe ist, desto mehr braucht man Spezialistinnen, Therapeutinnen und Ärztinnen. Gesundheitsförderung und Prävention im Bereich Kindersprache sind anspruchsvolle Arbeitsfelder und stellen Anforderungen an die durchführenden Akteure. Lösungen auf die Schnelle sind nicht gefragt. Die Logopädin ist Expertin für die Sprachlichkeit (mündlicher und schriftlicher Spracherwerb) und soll aktiv in Konzeption und Durchführung gesundheitsfördernder / präventiver Maßnahmen einbezogen werden. Sprache ist Handeln, ist Austausch und Kultur bzw. ein Spaziergang zwischen Kulturen. Die Prävalenzdaten weisen einen klaren Handlungsauftrag für die Logopädie aus. Der Auftrag wird bereits jetzt realisiert, meist jedoch zu spät.

- Wenn Gesundheitsförderung/Prävention die Therapie ersetzen,
- wenn Beobachtung als ausreichend deklariert wird und Diagnostik ausbleibt und
- wenn Pädagoginnen die Logopädie nur in der Phase der Konzeption konsultieren,

steuern wir auf fehlgeleitete Aktionen zu.

Gesundheitsförderung/Prävention im Spracherwerbsprozess durch die Logopädie ist sinnvoll, ökonomisch, bereichernd, notwendig. Die Arbeit in diesem Netzwerk um das Kind soll und muss unter Qualitätsrichtlinien und entsprechenden Rahmenbedingungen stattfinden.

Diese müssen erst noch in einem kooperativen Prozess erarbeitet werden. Eine **gute Praxis** („best practice") sollte so aussehen, dass Gesundheit und Bildung, Pädagogik und Therapie, Sprachexpertin und Alltagsexpertin sich treffen und Schnittstellen und Übergänge bearbeiten. Das Buch mit unseren Praxistools versteht sich als erste Orientierung für diese Bearbeitung und soll sowohl einen theoretischen als auch praxisbezogenen Beitrag zur Professionalisierung in diesem Handlungsfeld leisten.

Literatur

Ahrens, H. J. (2005): Perspektiven der Prävention in Deutschland aus der Sicht der GKV. In: Kirch, W., Badura, B. (Hrsg.): Prävention. Ausgewählte Beiträge des Nationalen Präventionskongresses. Springer, Berlin

Albers, T. (2010): Sprachdiagnostik im Kindergarten. Zur Bedeutung interdisziplinärer Zugänge bei der Bestimmung sprachlicher Kompetenzen von Kindern im Vorschulalter. Forum Logopädie 5(24), 26–31

Amft, S., Kempe, S., Steiner, J., Uehli, B. (2009): Aus pädagogisch-therapeutischer Sicht: Integration als Anforderung – Integration in der Umsetzung. szh 15(1), 6–14

Antonovsky, A. (1979): Health, stress and coping. Jossea-Bass, San Francisco

Baumann, T. (2006): Atlas der Entwicklungsdiagnostik: Vorsorgeuntersuchungen U1 bis U10 / J1. Thieme, Stuttgart

–, Pellaud, N. (2011): Die neuen Checklisten für die Vorsorgeuntersuchungen der SGP sind fertiggestellt. Paediatrica 22(1), 26

–, Joss, E. (2004): Prävention in der Pädiatrie – ein Manual. 4. Aufl. Schweizerische Gesellschaft für Pädiatrie, Fribourg / Schweiz

Baumgartner, S. (2006): Sprachtherapie und Sprachförderung im Unterricht: Kritische Analyse und Konzeptbildung. Die Sprachheilarbeit 51(6), 268–277

Beitchman, J. H., Wilson, B., Brownlie, E. B., Walters, H., Lancee, W. (1996): Long-term Consistency in Speech / Language Profiles. Developmental and Academic Outcomes. Journal of the American Academy of Child & Adolescent Psychiatry 35(6), 804–814

–, –, Johnson, C., Atkinson, L., Young, A., Adlaf, E., Escobar, M., Douglas, L. (2001): Fourteen-Year Follow-up of Speech / Language-Impaired and Control Children: Psychiatric Outcome. Journal of the American Academy of Child & Adolescent Psychiatry 40(1), 75–82

Bender-Körber, B., Hochlehnert, H. (2006): Elternzentriertes Konzept zur Förderung des Spracherwerbs. 1. Aufl. borgmann, Dortmund

Beushausen, U., Klein, S.(2007): Sprachförderung. Ein Ratgeber für Eltern, Therapeuten und Erzieher. 1. Aufl. Schulz Kirchner, Idstein

Bildungsdirektion (2009): Frühe Förderung. Hintergrundbericht zur familienunterstützenden und familienergänzenden frühen Förderung im Kanton Zürich. Bildungsdirektion, Zürich

Bishop, D. V. M., Edmundson, A. (1987): Language-Impaired 4-Year-Olds: Distinguishing Transient from Persistent Impairment. Journal of Speech and Hearing Disorders 52, 156–173

Blanton, S. (1916): A Survey of Speech Defects. Journal of Educational Psychology 7, 581–592

Bockmann, A.-K., Kiese-Himmel, C. (2006): ELAN – Eltern fragen. Elternfragebogen zur Wortschatzentwicklung im frühen Kindesalter. Beltz, Göttingen

Bogner, R., Wiedemann-Mayer, C., Jakob, J. (2010): Frühpädagogische Begleitung von Eltern mit sprachauffälligen Kindern im Alter von 2–3 Jahren mit dem „Heidelberger Elterntraining zur frühen Sprachförderung" (Buschmann 2006). Sprachheilarbeit 2, 65–70

Bollier, C. (2011): Integrieren heißt kooperieren. In: Schriber, S., Schwere, A. (Hrsg.): Spannungsfeld schulische Integration – Impulse aus der Körperbehindertenpädagogik. Edition SZH/CSPS, Luzern, 103–120

Brand, N., Braun, W. G., Bründler, B., Englert, C. (2009): SpracherwerbsKompass. Entscheidungshilfe für Fachpersonen bezüglich Beratungs- und Abklärungsbedarf bei Sprachauffälligkeiten für Kinder im Alter von 2;6 bis 4;0 Jahren. Interkantonale Hochschule für Heilpädagogik HfH, Zürich

Braun, W. G. (2008): Gemeinsam Sprache fördern. Integriert-transdisziplinäre Sprachförderung – Erfolgsüberprüfung aus Sicht der beteiligten Kindergartenlehrpersonen. Unveröffentlichte Masterthese. Interkantonale Hochschule für Heilpädagogik Zürich, Zürich

– (2007): „und die Logopädie!?" Logopädie und Basisstufe als sinnvolle Ergänzung. Schnittstelle Vorschule – Schule. Dossier Schweizerische Zeitschrift für Heilpädagogik, 11–17

–, Mannhard, A. (2008): Sprache erleben – Sprache fördern: Praxisbuch für Erzieherinnen. 1. Aufl. Ernst Reinhardt, München/Basel

–, Steiner, J. (2009): Früherfassung der Sprache als Arbeitsteilung zwischen Logopädinnen und Fachpersonen im Frühbereich. L.O.G.O.S. interdisziplinär 17(3), 199–208

–, – (2007): „Logopädie – Quo Vadis". Logopädie im Spannungsfeld neuer Herausforderungen. Jahresbericht bsgl, St. Gallen/Schweiz

–, Baumann, U., Boltshauser, M. (2011a): RedeflussKompass Version 2.0. ICF-orientierte Entscheidungshilfe für Fachpersonen bezüglich Beratungs- und Abklärungsbedarf bei Sprechunflüssigkeiten für Kinder im Alter von 2;0 bis 6;0 Jahren. Interkantonale Hochschule für Heilpädagogik HfH, Zürich

–, Rüegger, C., Sinniger, S. (2011b): LeseerwerbsKompass. ICF-orientierte Entscheidungshilfe für Erstklassenlehrkräfte bezüglich Beratungs- und Abklärungsbedarf bei Auffälligkeiten im Leseerwerbsprozess bei Kindern in der 1. Klasse. Interkantonale Hochschule für Heilpädagogik HfH, Zürich

, Schmolke, S., Steiner, J. (2007): Zusammen ist man weniger alleine – auch in der Förderung. Kooperative Schnittstellen in pädagogischen Institutionen. Zbl-journal, Zürich

–, Caminada, A., Eggenberger, A., Fehr, S. (2011c): LautspracherwerbsKompass. ICF-orientierte Entscheidungshilfe für Kindergartenlehrpersonen bezüglich Beratungs- und Abklärungsbedarf bei lautsprachlichen Auffälligkeiten für Kinder im Alter von 4;0 bis 6;0 Jahren. Interkantonale Hochschule für Heilpädagogik HfH, Zürich

–, Kuntz, S., Meier, K., Zunftmeister, M. (2010): Resilienz im Fokus logopädischer Arbeit. Schweizerische Zeitschrift für Heilpädagogik 7/8, 18–25

–, Rotmann, A., Reisch, A., Bücklein, T. (1999): Eltern-Ratgeber. Die häufigsten Elternfragen zu Sprachauffälligkeiten bei Kindern praxisnah, anschaulich und verständlich erklärt. 1. Aufl. trialogo, Konstanz

Bühler, A., Kröger, C. (2006): Expertise zur Prävention des Substanzenmissbrauchs. Bundeszentrale für gesundheitliche Aufklärung, Köln

Buschmann, A. (2009): Heidelberger Elterntraining zur frühen Sprachförderung. Trainermanual. 1. Aufl. Urban & Fischer, München / Jena
–, Jooss, B. (2011): Frühdiagnostik bei Sprachverständnisstörungen. Ein häufig unterschätztes Störungsbild mit langfristig gravierenden Folgen für die Betroffenen. Forum Logopädie 1(25), 20–27
–, – (2007): Frühintervention bei verzögerter Sprachentwicklung: „Heidelberger Elterntraining zur frühen Sprachförderung". Forum Logopädie 5(21), 6–11
–, Jooss, B., Simon, S., Sachse, S. (2010): Alltagsintegrierte Sprachförderung in Krippe und Kindergarten: Das „Heidelberger Trainingsprogramm" – Ein sprachbasiertes Interaktionstraining für den Frühbereich. L.O.G.O.S. interdisziplinär 18(2), 84–95

Caplan, N., Choy, M. H. (1994): Children of the Boat People. A Study of Educational Success. University of Michigan Press, Ann Arbor
Centini, U. (2004): Elterntraining – eine Möglichkeit der frühen Intervention? Forum Logopädie 5(18), 18–23
Chung, P. J., Lee, T. C., Morrison, J. L., Schuster, M. A. (2006): Preventive Care for Children in the United States: Quality and Barriers. Annu Rev Public Health 27, 491–515
Conti-Ramsden, G., Botting, N., Simkin, Z., Knox, E. (2001): Follow-up of Children Attending Infant Language Units: Outcomes at 11 Years of Age. International Journal of Language & Communication Disorders 36(2), 207–219

Dannenbauer, F. M. (2001): Chancen der Frühintervention bei spezifischer Sprachentwicklungsstörung. Die Sprachheilarbeit 46(3), 103–111
– (1994): Zur Praxis der entwicklungsproximalen Intervention. In: Grimm, H., Weinert, S.: Intervention bei sprachgestörten Kindern. Voraussetzungen, Möglichkeiten und Grenzen. 1. Aufl. Fischer, Stuttgart
DBL (1998): Berufsleitlinien, Deutscher Bundesverband für Logopädie e.V. In: *www.dbl-ev.de*, 13.10.2010
Dereu, M., Warreyn, P., Raymaekers, R., Meirsschaut, M., Pattyn, G., Schiettecatte, I., Roeyers, H. (2010): Screening for Autism Spectrum Disorders in Flemish Day-Care Centres with the Checklist for Early Signs of Developmental Disorders. Journal of Autism and Developmental Disorders 40(10), 1247–1258
Dieter, S., Walter, M., Brisch, K.-H. (2005): Sprache und Bindungsentwicklung im frühen Kindesalter. L.O.G.O.S interdisziplinär 13(3), 170–179
Doil, H. (2002): Die Sprache ist der Schlüssel. Frühe Identifikation von Risikokindern im Rahmen kinderärztlicher Vorsorgeuntersuchungen. Dissertation, Universität Bielefeld. In: *http://bieson.ub.uni-bielefeld.de/volltexte/2003/250/*, 27.05.2008

Edelmann, D. (2009): Konzepte kultureller Differenz in der Aus- und Weiterbildung von Lehrpersonen – unter besonderer Berücksichtigung der Situation in der Schweiz. In: Moosmüller, A. (Hrsg.): Konzepte kultureller Differenz. Münchner Beiträge zur Interkulturellen Kommunikation. Bd. 22. Waxmann, Münster, 121–136
EPPE (2009): Effective Provision of Pre-School-Education. In: w*ww.eppe.ioe.ac.uk*, 27.06.2011
Ersoy, D., Juditzki, B., Mühling, C., Steiner, J., Tölken, J. (2003): Praktische Aspekte der Diagnostik im Arbeitsfeld Mehrsprachigkeit: Das Monheimer Modell. Die Sprachheilarbeit 48(5), 184–193

Fingerle, M. (2010): Risiko, Resilienz und Prävention. In: Kißgen, R., Heinen, N. (Hrsg.): Frühe Risiken und frühe Hilfen. Klett-Cotta, Stuttgart, 148–158
Franzkowiak, P. (2006): Präventive soziale Arbeit im Gesundheitswesen. Ernst Reinhardt, München / Basel
Fried, L. (2006a): Editorial zum Schwerpunktthema Sprachstandserhebungen für Kindergartenkinder und Schulanfänger. Sprache – Stimme – Gehör 30, 45–46
– (2006b): Grundlagen der Sprachstandserhebungen in Kindergarten und Schule. Sprache – Stimme – Gehör 30, 47–49
– (2006c): Standards für Sprachstandserhebungsverfahren. Sprache – Stimme – Gehör 30, 50–52
Frigerio Sayilir, C. (2010): Die Perspektive des mehrsprachigen Kindes. L.O.G.O.S interdisziplinär 18(1), 11–17
Fritschi, T., Oesch, T. (2008): Volkswirtschaftlicher Nutzen von frühkindlicher Bildung in Deutschland – Eine ökonomische Bewertung langfristiger Bildungseffekte bei Krippenkindern. Bern: BASS – Büro für Arbeits- und Sozialpolitische Studien. In: *www.bertelsmannstiftung.de*, 29.06.2011
Fröhlich-Gildhoff, K., Dörner, T., Rönnau, M. (2012): Prävention und Resilienzförderung in Kindertageseinrichtungen – PriK. Trainingsmanual für Erzieherinnen. Ernst Reinhardt, München / Basel

Ganz, M. L. (2007): The Lifetime Distribution of the Incremental Societal Costs of Autism. Archives of Pediatrics & Adolescent Medicine 161(4), 343–E345
Geissmann, H. (2011): Welche Bedeutung hat der frühe Wortschatz für den Spracherwerb? SAL-Bulletin 140(6), 19–36
Girolametto, L., Pearce, P. S., Weitzman, E. (1996): Interactive Focused Stimulation for Toddlers with Expressive Vocabulary Delays. Journal of Speech, Language and Hearing Research 39(6), 1274–1283
–, Wiigs, M., Smyth, R., Weitzman, E., Pearce, P. S. (2001): Children With a History of Expressive Vocabulary Delay: Outcomes at 5 Years of Age. American Journal of Speech-Language Pathology 10, 358–369
Glogowska, M., Roulstone, S., Enderby, P., Peters, T. J. (2000): Randomised Controlled Trial of Community Based Speech and Language Therapy in Preschool Children. British Medical Journal 321, 1–5
Grimm, H. (2003): Störungen der Sprachentwicklung. 1. Aufl. Hogrefe, Göttingen
– (2003a): Frühe Diagnose sprachlicher Entwicklungsstörungen: Was wird wann untersucht? In: de Langen-Müller, U., Iven, C., Maihack, V. (Hrsg.): Früh genug, zu früh, zu spät? ProLog, Köln, 75–99
–, Doil, H. (2000): Elternfragebögen für die Früherkennung von Risikokindern (ELFRA1, ELFRA2). Hogrefe, Göttingen
–, Aktas, M., Jungmann, T., Peglow, S., Stahn, D., Wolter, E. (2004): Sprachscreening im Vorschulalter: Wie viele Kinder brauchen tatsächlich eine Sprachförderung? Frühförderung Interdisziplinär 23, 108–117
Grohnfeldt, M. (Hrsg.) (2007): Lexikon der Sprachtherapie. Kohlhammer, Stuttgart
– (2005): Mehrsprachigkeit als sprachheilpädagogische Aufgabenstellung. In: Grohnfeldt, M. (Hrsg.): Mehrsprachigkeit als sprachheilpädagogische Aufgabenstellung. Freisleben, Würzburg, 9–25
Guggisberg, J., Detzel, P., Stutz, H. (2010): Volkswirtschaftliche Kosten der Leseschwäche in der Schweiz. Büro für Arbeits- und Sozialpolitische Studien (BASS), Bern

Hafen, M. (2007): Grundlagen der systemischen Prävention. Ein Theoriebuch für Lehre und Praxis. Auer, Heidelberg
– (2001): Was ist Prävention? Z. Prävention & Prophylaxe 2, 1
Hakim, R. B., Ronsaville, D. S. (2002): Effect of Compliance with Health Supervision Guidelines among US Infants on Emergency Department Visits. Archives of Pediatrics & Adolescent Medicine 156(10), 1015–1020
Hall, P. K., Tomblin, J. B. (1978): A Follow-Up Study of Children with Articulation and Language Disorders. Journal of Speech and Hearing Disorders 43, 227–241
Hansen, B., Heidtmann, H. (2006): Relevant, müßig oder interessant? Die Sprachheilarbeit 51(6), 266–267
Hasselbach, P., Schakib-Ekbatan, K., Roos, J., Schöler, H. (2007): EVAS. Evaluationsstudie zur Sprachförderung von Vorschulkindern. Landesstiftung Baden-Württemberg, Heidelberg
Hecking, M., Schlesiger, C. (2010): Late Bloomer oder Sprachentwicklungsstörung? Diagnostik und Beratung für Familien mit Late Talkern nach dem Dortmunder Konzept. Forum Logopädie 1(24), 6–15
Heinemann, M. (1997): Störungen der Sprachentwicklung als Alarmzeichen – Neue Untersuchungsergebnisse. In: Ring, K., von Throtha K., Voss, P. (Hrsg.): Lesen in der Informationsgesellschaft – Perspektiven der Medienkultur. Nomos, Baden-Baden, 104–110
Heinrichs, G. (2003): Logopädischer Interventionsbedarf im Kindergarten. Aufschlussreiche epidemiologische Untersuchungen durch den logopädischen Dienst des Gesundheitsamtes Düsseldorf in Kindertagesstätten. Forum Logopädie 3(17), 38–40
Heinzelmann, B., Bilda, K. (2011): Logopädische Frühintervention im Settingansatz. L.O.G.O.S. interdisziplinär 19(2), 90–103
Holler-Zittlau, I. (2006): Sprachförderung im Elementarbereich? In: von Stechow, E., Hofmann, C. (Hrsg.): Sonderpädagogik und Pisa. Klinkhardt, Bad Heilbrunn, 291–300
Huntley, R. C., Holt, K. S., Butterfill, A., Latham, C. (1988): A Follow-up Study of a Language Intervention Programme. British Journal of Disorders of Communication 23, 127–140
Hurrelmann, K., Settertobulte, W. (2004): Prävention und Gesundheitsförderung im Kindes- und Jugendalter. In: Petermann, F. (Hrsg.): Lehrbuch für Klinische Kinderpsychologie. Hogrefe, Göttingen, 95–124
Huwiler, E., Wiederkehr, C. (2008): Audioinformationen für Familien mit Migrationshintergrund. Unveröffentlichte Bachelorthese. Interkantonale Hochschule für Heilpädagogik HfH, Zürich

Jampert, K., Best, P., Guadatiello, A., Holler, D., Zehnbauer, A. (2005): Schlüsselkompetenz Sprache. verlag das netz, Berlin
Janz, F. (2008): Teamarbeit mit Schülern mit schwerer mehrfacher Behinderung. Interprofessionelle Kooperation in der Sonderschule. Eine empirische Untersuchung in Baden-Württemberg. VDM, Saarbrücken
Jedik, L. (2003): Sprachstörungen oder mangelnde Deutschkenntnisse? Perspektiven für Diagnostik und Therapie. Kinderärztliche Praxis 4, 239–245
Jenni, O. (2011): Das Kind im Brennpunkt: über die notwendige Zusammenarbeit zwischen Medizin und Sonderpädagogik. Kinder und Jugendliche mit Behinderungen – Zwischen Sozialversicherunug und Sonderpädagogik. G. Riemer-Kafka. Schulthess Juristische Medien AG, Zürich, 105–125

Johannsen, H. S., Schulze, H. (1986): Stottern bei Kindern im Vorschulalter. Theorie, Diagnostik, Therapie. Phoniatrische Ambulanz der Universität, Ulm
Jungmann, T. (2007): Frühförderung unter entwicklungspsychologischer Perspektive. In: Schöler, H., Welling, A. (Hrsg.): Handbuch der Sonderpädagogik. Band 1. Hogrefe, Göttingen, 722–746

Kahl, R. (2006): Die Entdeckung der frühen Jahre. Die Initiative McKinsey bildet zur frühkindlichen Bildung. Archiv der Zukunft, Hamburg
Katz-Bernstein, N., Subellok, K. (2006): Die unterstellte Resilienz – Wie eine Negativspirale in der Kooperation mit Eltern (nicht nur) sprachauffälliger Kinder und Jugendlicher durchbrochen werden kann. L.O.G.O.S. interdisziplinär 14(3), 164–172
–, Abarca, A., Lengning, A. (2010): Zum Spracherwerb von Kindern und zur mütterlichen Feinfühligkeit in risikobelasteten und -unbelasteten Familien. Eine Untersuchung in Equador. Empirische Sonderpädagogik 2, 48–63
Kauschke, C. (2003): Sprachtherapie bei Kindern zwischen 2 und 4 Jahren – ein Überblick über Ansätze und Methoden. In: de Langen-Müller, U., Iven, C., Maihack, V. (Hrsg.): Früh genug, zu früh, zu spät? ProLog, Köln, 152–183
Kempe Preti, S. (2010): Logopädinnen erzählen aus ihrem integrativen Schulalltag. szh 17(5), 22–28
Kißgen, R. (2010): Frühe Risiken und Präventionsintervention aus der Sicht der Bindungstheorie. In: Kißgen, R., Heinen, N. (Hrsg.): Frühe Risiken und frühe Hilfen. Klett-Cotta, Stuttgart, 132–147
Knebel, U. v. (2006): Förderung – (k)ein pädagogischer Begriff. Die Sprachheilarbeit, 51(6), 278–279
Kohler, J. (2011): Der Redeflusskompass in der pädiatrischen Praxis. Kinder- und Jugendarzt. Zeitschrift des Berufsverbandes der Kinder- und Jugendärzte Jahrgang 42(7), 535–537
Kosack, J. (2010): Sprache kitzeln. Effektivitätsuntersuchung einer filmbasierten Instruktion zur Vermittlung von Sprachlehrstrategien. Unveröffentlichte Masterthese. Universität Salzburg, Salzburg
Kreutzmann, S. (2009): Sprachtherapie für alle? Wissen als Hindernis und Chance in der sprachtherapeutischen Versorgung von MigrantInnen. L.O.G.O.S. interdisziplinär 17(1), 16–23
– (2008): Individuelle und institutionelle Aufgaben auf dem Weg zu einer „Kultursensitiven Sprachtherapie". FORUM Logopädie, 3(22), 6–9
Kronig, G. (2008): Resilienz und kollektivierte Risiken in Bildungskarrieren – das Beispiel der Kinder aus Zuwanderfamilien. In: Opp, G., Fingerle, M. (Hrsg.): Was Kinder stärkt. Erziehung zwischen Risiko und Resilienz. Ernst Reinhardt, München / Basel
Kuntz, S. (2009): Der ‚Safe-Place' in der Psychomotorik. Motorik 32(3), 165–175
Kuo, A. A., Inkelas, M., Lotstein, D. S., Samson, K. M., Schor, E. L., Halfon, N. (2006): Rethinking Well-Child Care in the United States: An International Comparison. Pediatrics 118(4), 1692–1702

Laaser, U., Hurrelmann, K. (1998): Gesundheitsförderung und Krankheitsprävention. In: Laaser, U., Hurrelmann, K. (Hrsg.): Handbuch Gesundheitswissenschaften – Neuausgabe. Juventa, Weinheim / München

Largo, H., Jenni, O. (2005): Das Zürcher Fit-Konzept. Familiendynamik 30(2), 111–127
–, Garrett, Z., Nye, C. (2004): The Efficacy of Treatment for Children With Developmental Speech and Language Delay / Disorder: A Meta-Analysis. J Speech Lang Hear Res 47(4), 924–943
–, –, – (2003): Speech and Language Therapy Interventions for Children with Primary Speech and Language Delay or Disorder. Cochrane Database Syst Rev(3), CD004110
–, Boyle, J., Harris, F., Harkness, A., Nye, C. (2000): Prevalence and Natural History of Primary Speech and Language Delay: Findings from a Systematic Review of Literature. International Journal of Language & Communication Disorders 35(2), 165–188
Lengyel, D. (2005): Sprachdiagnostik bei mehrsprachigen Kindern – Herausforderungen für Theorie und Praxis. In: Grohnfeldt, M. (Hrsg.): Mehrsprachigkeit als sprachheilpädagogische Aufgabenstellung. Freisleben, Würzburg, 49–72
Lin, M. (2008): Der „Emotionale Code": Die Bedeutung der Sprachlernbiographie für das Sprache(n)lernen und -lehren. MitSprache 1, 7–21
– (2004): Kulturell unterschiedliche Kommunikationserwartungen als „Behinderung" für den Schulerfolg von Migranten. VHN 73(1), 53–69
– (1998): Kulturspezifischer Spracherwerb. Sprachliche Sozialisation und Kommunikationsverhalten im Kulturvergleich. Huber, Bern
Lonigan, C. J., Whitehurst, G. J. (1998): Relative Efficacy of Parent and Teacher Involvement in a Shared-Reading Intervention for Preschool Children from Low-Income Backgrounds. Early Childhood Research Quarterly 13(2), 263–290
Lüders, C. (2003): Jugendhilfe und Prävention. Kind Jugend Gesellschaft 3(48), 79–81

Mathe, T. (2003): Medizinische Soziologie und Sozialmedizin. Schulz-Kirchner, Idstein
McLeod, S., McCormack, S. (2007): Application of the ICF and ICF-Children and Youth in Children with Speech Impairment. Seminars in Speech and Language 4, 254–263
Miller, J. S., Gabrielsen, T., Villalobos, M., Alleman, R., Wahmhoff, N., Carbone, P. S., Segura, B. (2011): The Each Child Study: Systematic Screening for Autism Spectrum Disorders in a Pediatric Setting. Pediatrics 127(5), 866–871
Minkovitz, C. S., Hughart, N., Strobino, D., Scharfstein, D., Grason, H., Hou, W., Miller, T., Bishai, D., Augustyn, M., McLearn, K. T., Guyer, B. (2003): A Practice-Based Intervention to Enhance Quality of Care in the First 3 Years of Life – The Healthy Steps for Young Children Program. JAMA – Journal of the American Medical Association 290(23), 3081–3091
Möller, D., Ritterfeld, U. (2010): Spezifische Sprachentwicklungsstörungen und pragmatische Kompetenzen. Sprache – Stimme – Gehör 2, 84–91
–, Spreen-Rauscher, M. (2009): Frühe Sprachintervention mit Eltern. Schritte in den Dialog. 1. Aufl. Thieme, Stuttgart
Montes, G., Halterman, J. S. (2008): Association of Childhood Autism Spectrum Disorders and Loss of Family Income. Pediatrics 121(4), E821–E826
Motsch, H. J. (2008): Deprofessionalisierung der (Sprach-)Heilpädagogik – internationalisiert, inkompetent, wegrationalisiert. VHN 1(77), 4–10

Nelson, C. S., Wissow, L. S., Cheng, T. L. (2003): Effectiveness of Anticipatory Guidance: Recent Developments. Current Opinion in Pediatrics 15(6), 630–635
NICHD (2003): National Institute of Child Health an Human Development Early Child Care Research Network. Journal of developmental and behavioral pediatrics 24, 58–62

Oliver, B., Dale, P. S., Plomin, R. (2004): Verbal and Nonverbal Predictors of Early Language Problems: An Analysis of Twins in Early Childhood Back to Infancy. Journal of Child Language 31, 609–631

Papousek, M. (2004): Regulationsstörungen der frühen Kindheit. Klinische Evidenz für ein neues diagnostisches Konzept. In: Papousek, M., Schieche, M., Wurmser, H. (Hrsg.): Regulationsstörungen der frühen Kindheit. Verlag Hans Huber, Bern
Papousek, H., Papousek, M. (1984): Learning and Cognition in the Everyday Life of Human Infants. Advances in the Study of Behavior 14, 127–163
Paul, R., Murray, C., Clancy, K., Andrews, D. (1997): Reading and Metaphonological Outcomes in Late Talkers. Journal of Speech, Language, and Hearing Research 40, 1037–1047
Penner, Z., Krügel, C., Non, K. (2005): Aufholen oder Zurückbleiben: Neue Perspektiven bei der Frühintervention von Spracherwerbsstörungen. Forum Logopädie 6, 6–15
PERRY (2008): Promising Practices Network. Perry Pre-School Project. In: *www.promisingpractices.net*, 29.06.2011
Peters-Scheffer, N., Didden, R., Korzilius, H., Sturmey, P. (2011): A Meta-Analytic Study on the Effectiveness of Comprehensive ABA-Based Early Intervention Programs for Children with Autism Spectrum Disorders. Research in Autism Spectrum Disorders 5(1), 60–69
Petzold, H. G. (2003): Integrative Therapie. Modelle, Theorien und Methoden für eine schulen-übergreifende Psychotherapie. Junfermann, Paderborn
Ptok, M. (2000): Medizin. In: Grohnfeldt, M. (Hrsg.): Lehrbuch der Sprachheilpädagogik und Logopädie. Bd. 1, Selbstverständnis und theoretische Grundlagen. Kohlhammer, Stuttgart, 167–183

Rescorla, L. (2002): Language and Reading Outcomes to Age 9 in Late-Talking Toddlers. Journal of Speech, Language, and Hearing Research 45, 360–371
– (1989): The Language Development Survey: A Screening Tool for Delayed Language in Toddlers. Journal of Speech and Hearing Disorders 54, 587–599
–, Dahlsgaard, K., Roberts, J. (2000): Late-Talking Toddlers: MLU and IPSyn Outcomes at 3;0 and 4;0. Journal of Child Language 27, 643–664
–, Roberts, J., Dahlsgaard, K. (1997): Late Talkers at 2: Outcome at Age 3. Journal of Speech, Language, and Hearing Research 40, 556–566
Ritterfeld, U. (2000): Zur Prävention bei Verdacht auf eine Spracherwerbsstörung: Argumente für eine gezielte Interaktionsschulung der Eltern. Frühförderung interdisziplinär 2, 80–87
– (1999): Pragmatische Elternpartizipation in der Behandlung dysphasischer Kinder. Sprache – Stimme – Gehör 4, 192–197
Rodrian, B. (2009): Elterntraining Sprachförderung. Handreichungen für Lehrer, Erzieher und Sprachtherapeuten. 1. Aufl. Ernst Reinhardt, München / Basel

Roth, H. J., Terhart, H. (2010): Migrationshintergrund – (k)ein frühes Risiko? In: Kißgen, R., Heinen, N. (Hrsg.): Frühe Risiken und frühe Hilfen. Klett-Cotta, Stuttgart, 68–83

Rutter, M., Mawhood, L., Howlin, P. (1992): Language Delay and Social Development. In: Fletcher, P., Hall, D. (Hrsg.): Specific Speech and Language Disorders in Children. Whurr Publisher, London, 63–78

Sachse, S., Pecha, A., von Suchodoletz, W. (2007): Früherkennung von Sprachentwicklungsstörungen. Ist der ELFRA-2 für einen generellen Einsatz bei der U7 zu empfehlen? Monatsschrift Kinderheilkunde 155(2), 140–145

Schakib-Ekbatan, K., Schöler, H. (1995): Zur Persistenz von Sprachentwicklungsstörungen: ein 10jähriger Längsschnitt neun spezifisch sprachentwicklungsgestörter Kinder. Heilpädagogische Forschung 16, 77–84

Schelten-Cornish, S., Kaiser-Mantel, H. (2010): Sprachentwicklung ist mehr als ein Kinderspiel. Hilfen für Sprachanfänger. 1. Aufl. dbs, Moers

–, Wirts, C. (2008): Beobachtungsbogen für vorsprachliche Fähigkeiten und Eltern-Kind-Interaktion (BFI). L.O.G.O.S. interdisziplinär 16(4), 262–270

Schlack, H. G. (2006): Die Zukunft des Kinder-Vorsorgeprogramms. Kinderärztliche Praxis 77, 320–323

Schlegel, M. (2009): Kultursensible Sprachtherapie. In: Beushausen, U. (Hrsg.): Therapeutische Entscheidungsfindung in der Sprachtherapie. Elsevier, München

Schlesiger, C. (2005): „Late Talkers" und Prävention von Sprachentwicklungsstörungen: Früherkennung und Intervention bei spät sprechenden Kindern. In: Bahrfeck-Wichitill, K., Dupuis, G., Subellok, K. (Hrsg.): Sprachtherapie: Fröhliche Wissenschaft oder blinde Praxis. Athena, Bamberg, 206–218

–, Mühlhaus, M. (2011): Late Talker. 1. Aufl. Schulz-Kirchner, Idstein

Schrey-Dern, D. (2006a): Sprachfördermaßnahmen in Deutschland: Chancen und Risiken für die Berufsgruppe der Logopäden. Forum Logopädie 45, 12–16

Schrey-Dern, D. (2006b): Symposium Sprachförderung und Sprachtherapie für Entscheidungsträger im Gesundheitswesen. Forum Logopädie 5, 43

–, Trost-Brinkhues, G. (2010): Früherkennung und Sprachentwicklungsstörungen zum Zeitpunkt der U7. Interdisziplinäre Zusammenarbeit zwischen Pädiatrie und Logopädie auf der Grundlage eines Qualitätsmanagements. Forum Logopädie 24(3), 22–27

Schum, R. L. (2007): Language Screening in the Pediatric Office Setting. Pediatric Clinics of North America 54(3), 425–434

Schwaiger, M., Neumann, U. (2010): Gutachten zur interkulturellen Elternbeteiligung der RAA. Universität Hamburg, Hamburg

Schwappach, D. (2004): Ergebnisbericht der GesundheitsPanel-Befragung „Prävention und Gesundheitsförderung". Universität Witten / Herdecke

Scriba, P. C. (2007): The Results of the German Health Interview and Examination Survey for Children and Adolescents (KiGGS) – A Unique Data Collection Concerning the Health of the Rising Generation. Bundesgesundheitsblatt – Gesundheitsforschung – Gesundheitsschutz 50(5–6), 531–532

Siegmüller, J., Fröhling, A. (2010): Das PräSES-Konzept. Potenzial der Sprachförderung im Kita-Alltag. 1. Aufl. Elsevier, München

–, Schröders, C., Sandhop, U., Otto, M., Herzog-Meinecke, C. (2010): Wie effektiv ist die Inputspezifizierung? – Studie zum Erwerbsverhalten bei Late Talkern und Kindern mit kombinierter umschriebener Entwicklungsstörung und Late-Talker-

Sprachprofil in der inputorientierten Wortschatztherapie. Forum Logopädie 24 (1), 16–23
–, Fröhling, A., Gies, J., Hermann, H., Konopatsch, S., Pötter, G. (2007): Sprachförderung als grundsätzliches Begleitelement im Kindergartenalltag. Das Modell PräSES als Beispiel. L.O.G.O.S. interdisziplinär 15(2), 84–96
Statistik Austria – Bundesanstalt Statistik Österreich (2010): Statistisches Jahrbuch für Migration und Integration. Bundesministerium für Inneres, Wien
Steiner, J. (2010): Sprachtherapie bei Demenz. Aufgabengebiet und ressourcenorientierte Praxis. Ernst Reinhardt, München / Basel
– (2009a): Praxis der Sprachstandserfassung im kritischen Alter von 3–4 Jahren in der Deutschschweiz. SAL-Bulletin 131, 5–8
– (2009b): Sprachstandserfassung. In: *www.logopaedieundpraevention-hfh.ch*, 24.01.2012
Stitzinger, U. (2008): Zwischen Sprachförderung und Therapie – Ein Spannungsfeld unterschiedlicher Praxisbereiche. Forum Sprache, dgs Rundbrief Niedersachsen 1, 5–8
Stothard, S. E., Snowling, M. J., Bishop, D. V. M., Chipchase, B. B., Kaplan, C. A. (1998): Language-Impaired Preschoolers: A Follow-Up Into Adolescence. Journal of Speech, Language, and Hearing Research 41, 407–418
Suchodoletz, W. (2009a): Prävention in der Medizin. In: Grohnfeldt, M. (Hrsg.): Lehrbuch der Sprachheilpädagogik und Logopädie. Bd. 3. Diagnostik, Prävention und Evaluation. 2. Aufl. Kohlhammer, Stuttgart
– (2009b): Frühinterventionen bei Kindern mit Sprachentwicklungsstörungen. Monatsschrift für Kinderheilkunde 157, 965–970
– (2004): Sprachentwicklung – Sprachentwicklungsverzögerung – Sprachentwicklungsstörung. In: Suchodoletz, W. (Hrsg.): „Welche Chancen haben Kinder mit Entwicklungsstörungen?" Hogrefe, Göttingen, 156–199
Szagun, G. (2007): Langsam gleich gestört? Variabilität und Normalität im frühen Spracherwerb. Forum Logopädie 3, 20–25
– (1996): Sprachentwicklung beim Kind. Urban & Schwarzenberg, München
–, Stumper, B., Schramm, A. S. (2009): Fragebogen zur frühkindlichen Sprachentwicklung: FRAKIS (Standardform) und FRAKIS-K (Kurzform). Harcourt Test Services, Pearson, Frankfurt / Main

Tomasello, M. (2009): Die Ursprünge der menschlichen Kommunikation. Suhrkamp, Frankfurt / Main
Triarchi-Herrmann, V. (2005): Sprachförderung mehrsprachiger Kinder auf sprachheilpädagogischer Basis. In: Grohnfeldt, M. (Hrsg.): Mehrsprachigkeit als sprachheilpädagogische Aufgabenstellung. Freisleben, Würzburg, 27–48

Verhaert, N., Willems, M., Van Kerschaver, E., Desloovere, C. (2008): Impact of Early Hearing Screening and Treatment on Language Development and Education Level: Evaluation of 6 Years of Universal Newborn Hearing Screening (ALGO (R)) in Flanders, Belgium. International Journal of Pediatric Otorhinolaryngology 72(5), 599–608
Vismara, L. A., Rogers, S. J. (2010): Behavioral Treatments in Autism Spectrum Disorder: What Do We Know? Annual Review of Clinical Psychology 6(6), 447–468
von Kries, R., Reinehr, T., Kersting, M., Nennstiel-Ratzel, U., Ensenauer, R.,

Krüger, H., Dörr, H.-G., Szczepanski, R., Ihme, N. (2009): Prävention und Früherkennung von Krankheiten. In: Schlack, H. G., Thyen, U., von Kries, R. (Hrsg.): Springer, Heidelberg, 75–129

–, Ihme, N., Oberle, D., Lorani, A., Stark, R., Altenhofen, L., Niethard, F. U. (2003): Effect of Ultrasound Screening on the Rate of First Operative Procedures for Developmental Hip Dysplasia in Germany. Lancet 362(9399), 1883–1887

Walter, M. (2007): Sprachstörungen bei Kindern im Vorschulalter. Wie häufig sind sie wirklich? Tectum Verlag, Marburg

– (2005): Der Einsatz von ELFRA-2 und SETK-2 in einer Kinderarztpraxis. Die Sprachheilarbeit 50(5), 234–240

Ward, S. (1999): An Investigation into the Effectiveness of an Early Intervention Method for Delayed Language Development in Young Children. International Journal of Language & Communication Disorders 34(3), 243–264

Weber, P., Jenni, O. (2012; im Druck): Kinderärztliche Vorsorgeuntersuchungen. Deutsches Ärzteblatt, Köln

Weismer, S., Murray-Branch, J., Miller, J. (1994): A Prospective Longitudinal Study of Language Development in Late Talkers. Journal of Speech and Hearing Research 37, 852–867

Weiß, H. (2010): Kinderarmut als Entwicklungsrisiko. In: Kißgen, R., Heinen, N. (Hrsg.): Frühe Risiken und frühe Hilfen. Klett-Cotta, Stuttgart, 47–67

Wendlandt, W. (2010): Sprachstörungen im Kindesalter. Materialien zur Früherkennung und Beratung. 5. Aufl. Thieme, Stuttgart

Wermke, K. (2008): Melodie und Rhythmus in Babylauten und ihr potenzieller Wert zur Frühindikation von Sprachentwicklungsstörungen. L.O.G.O.S. interdisziplinär 16(3), 190–195

Werner, E. E. (1993): Resilience in Development. American psychological society 4, 81–85

Westerlund, M., Berglund, E., Eriksson, M. (2006): Can Severely Language Delayed 3-Year-Olds Be Identified at 18 Months? Evaluation of a Screening Version of the MacArthur–Bates Communicative Development Inventories. Journal of Speech, Language, and Hearing Research 49, 237–247

Whitehurst, G. J., Fischel, J. E. (1994): Practitioner Review: Early Developmental Language Delay: What, If Anything, Should the Clinician Do About It? Journal of Child Psychology and Psychiatry 35(4), 613–648

–, Falco, F. L., Lonigan, C. J., Fischel, J. E., DeBaryshe, B. D., Valdez-Menchaca, M. C., Caulfield, M. (1988): Accelerating Language Development Through Picture Book Reading. Developmental Psychology 24, 552–559

Wiedemann-Mayer, C., Maier, K. (2009): SUBIK: Sprachunterstützende Begleitung im Kindergarten – eine Konzeption strukturierter Sprachförderung für die Frühpädagogik. Die Sprachheilarbeit 54(1), 18–24

Woithon, C. (2009): Pragmatische Störungen der Kindersprache – Notwendigkeit und Möglichkeiten einer erweiterten sprachheilpädagogischen Sichtweise für Forschung und Praxis. In: Baumgartner, S., Schönauer-Schneider, W. (Hrsg.): Sprachheilpädagogik im Wandel. Wenn Forschung Praxis verändert. Festschrift zum 60. Geburtstag von Prof. Dr. Manfred Grohnfeldt. Freisleben, Würzburg, 65–85

World Health Organisation WHO (1998): Gesundheit 21: Eine Einführung zum Rahmenkonzept „Gesundheit für alle" für die europäische Region der WHO. Europäische Schriftenreihe „Gesundheit für alle" 5, Kopenhagen

Zollinger, B. (2004): Kindersprachen. Kinderspiele. Erkenntnisse aus der Therapie mit kleinen Kindern. Verlag Hans Huber, Bern
– (2000): Wenn Kinder die Sprache nicht entdecken. Verlag Hans Huber, Bern

Sachregister

Abklärung 37–39, 47, 71f, 75, 90, 110–116
Ammensprache 94
Angebote 16f, 23f, 27, 34, 39, 51, 54, 56, 59, 69–71, 81–83, 85, 89, 93, 101, 106, 117–119
Anthropologie 22
Assessment 36, 50
Audioinformationen 10f, 88, 90, 117f, 120
Aufmerksamkeitsdefizit- / Hyperaktivitätsstörung 42
Ausbildung 20, 50f, 68, 83, 102
Aussprachestörung 66, 72
Autismus 46, 48
Autonomie 14f

Baby Talk 94
Basisfunktionen 38
Bedarfsplanung 72
Befundung 75
Behandlung 26, 66
Beobachtung 16, 18, 24, 27, 29, 34, 36, 39, 46, 52–54, 62, 67, 69, 71, 74f, 80, 85, 87, 89, 98f, 103, 105, 111–115, 121
Beobachtungsbogen 110, 113–115
Beratung 15f, 19f, 23, 27–29, 34, 37, 40, 46, 55, 69, 70–73, 75, 79, 80f, 85–87, 89f, 97, 103, 110–118
Beziehung 21, 30–32, 35, 50, 55f, 76, 81, 98, 109
Bezugsperson 21, 39, 64, 111–113
Bilderbuch 23, 54, 94f, 99, 103
Bildungssystem 46, 48, 59, 70, 74, 82, 106

Chancengleichheit 27, 57, 59, 76, 120

Deprivation 32
Deprofessionalisierung 74, 104

Diagnose 18, 40, 42, 46, 58, 102
–, logopädische 23
Diagnostik 19, 27, 33f, 38, 63, 74, 88f, 105, 121
– Kompetenz 37
– Verfahren 110
Dysgrammatismus 66

Einschulung 27, 60f, 63, 69f, 72
– Untersuchung 66
Einzelförderung 76
Einzelsetting 70, 76
Einzeltherapie 70, 105, 109
Eltern 5, 10, 13, 17, 23f, 27, 31f, 35–39, 43–46, 51, 54–56, 66, 69–77, 80–82, 84, 87f, 92–102, 16f, 109–111, 113–115, 118f
– Beratung 23, 45, 47, 92, 45, 47, 92
– Coaching 90, 92, 97f
– Training 23, 61, 75, 92f, 95, 118
Elternabend 99–101, 109
Empowerment 15, 70, 72f, 80, 89, 92, 94
Entwicklung 17, 19, 24f, 27f, 29, 31, 33f, 38f, 43, 61f, 64, 72f, 78, 94, 96, 105, 116
–, demografische 18, 50
–, kindliche 15, 22, 84
–, neuropsychologische 15
–, persönliche 14
–, physiologische 15
–, sprachlich-kommunikative 79
–, sprachlich-stimmliche 17
– Auffälligkeiten 42f, 62, 110, 116
– Faktoren 61, 105
– Förderung 46, 96
– Gefährdung 13, 25, 29f, 51, 76, 110
– Psychologie 22, 29
– Störung 42, 49, 65
– Varianz 67f, 89
– Verläufe 5, 16, 31, 72

Epidemiologie 20
Evaluation 34, 52, 75, 77, 87, 93, 102
– Studie 102, 107

Fähigkeiten 12, 19, 31, 39, 58f, 81, 96
–, kommunikative 19, 76
–, kooperative 22
–, linguistische 55
–, symbolische 32
Finanzierung 18, 26, 43, 49, 51, 53, 55, 57, 59, 106
– Planung 24
Förderpläne 74
Förderung 5, 12, 16, 34f, 37, 51, 69, 72f, 75, 104f, 109, 119f
Fortbildung 79, 87
Früherkennung 5, 18, 36f, 42, 45, 58, 90, 105, 110–116, 120
– Programme 45
Frühförderung 48, 59, 75, 119

Gesundheit 13f, 18, 20f, 28, 56–60, 105, 121
–, individuelle 14
–, körperliche 18
–, psychische 50
–, volkswirtschaftliche 14
– Beratung 43f
– Förderung 13–60, 69–97
– Politik 20
– System 18, 48, 58, 62, 74, 82

Homöostase 30
Hörstörung 32, 47
Hyperaktivität 42

ICF 14–16, 32, 92, 110, 114, 120
Indikation 36, 47, 86, 93
Inputsprache 96
Institution 39f, 54, 56, 58, 60, 68, 71, 75, 77f, 82, 85, 88, 108, 118f
–, pädagogische 54, 70
Institutionalisierung 26, 39, 41, 59, 68, 74
Integration 50f, 59, 82, 86, 93f
Interaktion 16, 18, 20, 29, 32, 56, 94–96, 100, 103, 114
– Studien 102
– Verhalten 32, 99

Interdisziplinärer Austausch 29
Interkulturalität 86, 88
Interprofessionalität 18, 33f
Intervention 25f, 29, 32, 46, 48, 51, 57, 61–64, 71f, 74, 84, 92, 95f, 105, 120
–, fachbezogene 35, 108f
–, fallbezogene 35, 108
–, Kurzintervention 97
–, logopädische 92, 112f, 115
–, psychotherapeutische 98

Kinderarzt 45f, 111f
Kindergarten 59, 73, 84, 87
– Gruppe 35
– Lehrperson 34, 40
Kinderkrankheiten 42
Kinderkrippe 51
Kindertagesstätte 34
Kindesmisshandlung 45
Kognition 17, 19, 50, 55
Kommunikation 16–19, 21f, 23, 29, 31–34, 37, 39, 46, 49f, 55, 64, 75–77, 79, 81, 84f, 89, 94, 102, 108, 112, 114f, 118
Kompasse 10, 36, 39, 90, 110f, 120
Kompensation 25, 29, 65
Kompetenzen 37–39, 45, 77, 81
–, diagnostische 33
–, kommunikative 31
–, praktisch-dignostische 38
–, sozial-kommunikative 38
–, sprachliche 46
–, symbolische 38

Konzentrationsdefizit 42
Kooperation 13, 18, 20–22, 24, 39, 48, 54, 56, 68, 70, 76, 86f, 109
–, fachbezogene 76
–, fallbezogene 76
Kostenträger 20f
Kuration 25, 27

Labeling-Effekt 57
Late Bloomer 64, 67, 70f, 74
Late Talker 19, 27, 52, 61f, 64f, 67, 69–71, 74
Lautbildung 33, 65
Lautsprache 21
– Erwerb 110

Lernstörung 42, 73
Lernverhalten 38, 85
Literacy 83, 118
Logopädie 15–20, 27–32, 34, 46f, 57, 59, 71, 73f, 82, 87–91, 106, 114, 117f, 121

Mediator 87
Medien 79f, 85
Medizin 15, 18, 21, 24, 29, 43, 45f, 47
– Jugendalter 42, 45, 48
–, kooperative 18
–, präventive 20
Mehrsprachigkeit 82, 84f, 88, 90f, 117
Migration 28, 33, 49f, 54, 69f, 74, 82f, 84, 87, 89f, 117, 120
Mimik 21
Modell 17, 23, 52, 54, 66, 87, 98, 100f
–, bio-psycho-soziales 15, 110
–, soziale 28
Modellierungstechniken 56
Monolingualität 88
Motherese 96
Motorik 17, 38

Nachhaltigkeit 52, 101, 109
Näseln 66
Netzwerk 18, 23, 33, 75, 81, 121
Normierung 37

Öffentlichkeitsarbeit 29, 40, 88
Organisationsentwicklung 77

Pädiatrie 42–45, 47, 111
–, ganzheitliche 42
Parallelunterricht 76
Partizipation 15f, 19, 78, 92, 114, 120
Pathogenese 14, 105
Persistenz 65, 71
PISA 50, 106
Pragmatik 22, 71
Prävalenz 23f, 29, 42, 52, 60–65, 67f, 71f, 85, 88, 121
Prävention 13f, 16–21, 23–28, 30, 39–45, 48f, 51–59, 58–71, 73–78, 81f, 89f, 93f, 97, 105, 110, 120f
–, indizierte 19, 24
–, primäre 25f, 40

–, sekundäre 19, 25f, 40
–, selektive 24
–, tertiäre 24–26, 40
–, universale 24
Praxis 13, 21, 29, 42, 46, 60, 72, 74, 78, 81, 104, 109, 117, 121
– Materialien 88, 90, 120f
Profession 15f, 34, 48, 68, 74–78, 81, 121

Qualifikation 51
Qualität 20, 22, 26, 41, 51, 53, 59, 77, 82, 103, 118
– Entwicklung 53
– Konzept 71

Referenzgruppe 32, 76
Rehabilitation 25, 27
Resilienz 13, 15, 23f, 29–32, 108
– Förderung 30
Ressourcen 14f, 17, 19, 30, 32, 36, 38, 52, 75, 77f, 80f, 83, 89, 92f, 107f

Salutogenese 14–16, 105
Schriftsprache 21, 40, 49
– Erwerb 17, 49
Schule 19, 31, 54, 56, 70, 75, 83
– Eintritt
–, Förderschule 51
–, Grundschule 83, 93
–, Hochschule 20, 36, 75, 90
–, Regelschule 85
–, Sprachheilschule 39
Schulschwierigkeiten 38
Selbstwirksamkeit 31f
Sicherheit 32, 63
–, Beziehungssicherheit 31
–, kommunikative 32
Sigmatismus 66
Sonderpädagogik 74
Sozialversicherung 20
Spezifitätsmodell 24
Spiel 16, 22, 30, 33, 53–55, 64, 87, 107, 112, 114, 118
– Rollenspiel 100f
Spontansprachprobe 37
–, Sprachmodell 96
Sprachanalyse 118

Spracharmut 120
Sprachauffälligkeiten 60f, 63, 65, 67, 93
Sprachbausteine 21
Sprachbegriff 21
Sprachbehinderung 42
Sprachbeobachtung 54
Sprachbildung 27, 34, 61, 105, 118
Sprache 16–19, 21–23, 31, 33–37, 39, 46f, 50, 55f, 62, 64, 72, 75f, 80, 82–88, 94, 96–98, 101f, 108, 117f, 121
–, lehrende 96
–, stützende 94, 96
Sprachentwicklung 13f, 16f, 20f, 23, 29, 32f, 34f, 37–40, 46, 52, 55, 63f, 66f, 71, 73, 76, 84, 92f, 100, 102, 104f, 108f, 118
Spracherwerb 21, 45f, 65, 82, 90–93, 96, 108, 113, 117, 121
– Probleme 49, 85f
– Störung 21, 43, 47, 49, 63f, 72, 105, 107, 112
Sprachförderung 17, 27, 34f, 54, 60f, 73, 90, 94, 97, 100, 104–109, 118, 120
–, elternzentrierte 48
–, integrierte 35, 105, 108f, 120
Sprachförderverhalten 23, 81, 90, 94, 97f, 101f, 119f
Sprachgefährdung 37
Sprachheilpädagogik 14, 24, 89, 104
Sprachkompetenz 38, 50, 115
Sprachlehrstrategien 92, 94–103
Sprachstandserfassung 17, 35, 37, 60, 74, 84, 107
– Instrumente 37
Sprachstruktur 21, 84f
Sprachtherapie 17, 34f, 19, 27, 48, 60–62, 71, 82, 86, 90, 97, 102, 104f, 107f, 112, 115
–, integrative 35
Sprachvergleich 85, 87, 89
Sprachverhalten 46, 85
Sprachverständnis 32f, 63, 65, 71, 87
Sprachvielfalt 84, 118
Sprechstörung 72
Stationenunterricht 76
Statistik 20, 75

Stigma 84
Stigmatisierung 32, 57
Stimme 17, 21
Stimmstörung 66f
Störung 22, 24, 26f, 42, 45–48, 72, 105
–, myofunktionelle 72
–, neurologische 48
–, perzeptive 72
Stottern 66, 111f
Studie 21, 31, 33, 39, 42, 45, 50, 60–67, 72, 94, 107, 119
–, epidemiologische 42, 61, 63, 66f
Supervision 75
Syndrom 15
System 15, 18, 32, 35, 56, 80f, 85, 118

Team 18, 76–79, 81, 88f, 118, 121
–, interprofessionelles 15, 23, 75
– Teaching 76
– Kommunikation 75, 81, 88
Teilhabe 15–17, 59, 75, 92, 120
Teilleistungsschwäche 42
Testen 35f, 38f
Testverfahren 37
Therapie 18f, 23, 25, 27, 40, 52, 66, 72, 85f, 88f, 105, 118, 121
Turn-taking 22

U-Programme 43
Umgebungssprache 31, 89
Umwelt 15f, 28, 31, 53f, 57, 89, 96, 114, 120
Unterricht 76, 115
–, niveaudifferenzierter 76
Unterrichtsmitgestaltung 75

Varianz 61, 63f, 67f, 89
Verhalten 22, 46, 53, 64, 73, 85, 93–97, 99, 102f
–, kooperatives 22
–, sprachhemmendes 99
Vernetzung 32
Vorausläuferfähigkeiten 38
Voraussetzungen 34, 53f, 60, 75, 115
–, körperliche 16
–, physiologische 16
–, strukturelle 16
Vorsorgepflicht 45

Vorsorgeuntersuchungen 42f, 45f

Wahrnehmung 17, 30, 38
Weiterbildung 45, 50, 109
WHO 14, 50 56f
Widerstandsfähigkeit 30
–, psychische 30
Wirksamkeit 20, 29, 45f, 52f, 81, 95, 102, 119
– Studien 92, 96

Wortschatz 23, 33, 47, 95f, 108
– Umfang 94
Wortverständnis 33, 65

ZIEL Sprachförderverhalten 23, 90, 94, 97f, 101f, 120
Zusatzunterricht 76
Zweisprachigkeit 33, 84
Zweiwortsatz 33, 56

Weiterlesen: Sprachtherapeutischer Handlungsrahmen

Iris Eicher
Sprachtherapie planen, durchführen, evaluieren
(Praxis der Sprachtherapie und Sprachheilpädagogik; 1)
2009. 125 Seiten. 48 Abb. 6 Tab.
(978-3-497-02093-5)

Was müssen TherapeutInnen beim Erstkontakt mit einem Klienten bedenken? Wie gelingt die Klienten-Therapeuten-Beziehung? Welchen Sinn haben die täglichen Dokumentationen im Praxis- oder Klinikalltag?

Solche Fragen werden immer wieder im Kollegenkreis oder in Supervisionsrunden gestellt. Es sind Fragen nach der Struktur der Therapieplanung, nach der Wirksamkeitseinschätzung und nach Dokumentationshilfen. Die Autorin gibt in diesem Buch hierzu Antworten, die theoretisch fundiert, in der Praxis erprobt und konkret umsetzbar sind.

www.reinhardt-verlag.de

Weiterlesen: Unterrichtsplanung

Karin Reber / Wilma Schönauer-Schneider
Bausteine sprachheilpädagogischen Unterrichts
(Praxis der Sprachtherapie und Sprachheilpädagogik; 2)
2. durchges. Aufl. 2011. 212 Seiten. 58 Abb. 32 Tab.
(978-3-497-02262-5)

Die Autorinnen zeigen, wie präventiv sprachfördernde Maßnahmen in den Regelschulunterricht integriert werden können, aber auch, wie man für Kinder mit Sprachstörungen oder Mehrsprachigkeit einen sprachtherapeutischen Unterricht gestalten kann. Anhand vieler praktischer Beispiele erläutern sie Methoden aus Bereichen wie Aussprache, Wortschatz und Grammatik.

Das Buch liefert wertvolle Hinweise zu sprachdiagnostischen Verfahren für den Einsatz in der Gruppe sowie zur sprachheilpädagogischen Förder- und Unterrichtsplanung. Konkrete Unterrichtsbeispiele runden die Darstellung ab und machen das Buch zu einem unentbehrlichen Fundus für Praktiker, die Kindergruppen ein lernförderliches Umfeld für die Sprachentwicklung bieten wollen.

www.reinhardt-verlag.de

Weiterlesen: Zusammenarbeit mit den Eltern

Barbara Rodrian
Elterntraining Sprachförderung
Handreichung für Lehrer, Erzieher und Sprachtherapeuten
(Praxis der Sprachtherapie und Sprachheilpädagogik; 3)
2009. 147 Seiten. 15 Abb. 24 Tab. Mit CD-ROM.
(978-3-497-02091-1)

Mit diesem neuartigen und evaluierten Elterntraining werden Eltern über Sprachförderung informiert und bei der Förderung ihrer Kinder unterstützt. In vier komplett ausgearbeiteten Elternabenden und zwei bis vier Einzeltreffen erhalten die Eltern Wissen über Spracherwerb und Sprachstörungen, die beziehungsfördernde Gestaltung von Gesprächen und über Zusammenhänge von Sprache, Lernen und Verhalten. Als präventive Informationsveranstaltung können die Inhalte auch in Regelgrundschulen und Kindergärten angeboten werden.

Die CD-ROM liefert alle nötigen Materialien, z.B. Präsentationen, Arbeitsblätter, Unterlagen für eine Elternmappe und Planungsmaterial.

www.reinhardt-verlag.de

Weiterlesen: LRS

Andreas Mayer
Gezielte Förderung bei Lese- und Rechtschreibstörungen
(Praxis der Sprachtherapie und Sprachheilpädagogik; 4)
2010. 151 Seiten. 55 Abb. 11 Tab.
(978-3-497-02122-2)

Das Buch beschreibt auf der Basis neuester wissenschaftlicher Erkenntnisse, wie Kinder mit Lese-Rechtschreib-Störungen professionell gefördert werden können. Zusammenhänge zwischen der phonologischen Informationsverarbeitung, sprachlichen Fähigkeiten und unterschiedlichen Teilkompetenzen des Lesens und Schreibens werden verständlich dargestellt.

Die Praxisvorschläge berücksichtigen alle Ebenen, die in einem umfassenden Erstleseunterricht wichtig sind: Förderung der phonologischen Bewusstheit, Automatisierung der Graphem-Phonem-Korrespondenzen, Erlernen des phonologischen Rekodierens, Automatisierung der Worterkennung, Leseverständnis, schriftsprachlicher Ausdruck, Rechtschreibung.

www.reinhardt-verlag.de

Weiterlesen: Themenkreis Alter

Jürgen Steiner
Sprachtherapie bei Demenz
Aufgabengebiet und ressourcenorientierte Praxis
Mit einem Beitrag von Torsten Bur
(Praxis der Sprachtherapie und Sprachheilpädagogik; 5)
2010. 164 Seiten. 18 Abb. 17 Tab.
(978-3-497-02174-1)

Sprache und Kommunikation sind der Schlüssel für die Aufrechterhaltung von Aktivität und Kontakten, gerade bei Demenzpatienten. Auf der Grundlage einer heilpädagogisch orientierten Logopädie bei Demenz gibt der Autor einen Überblick über die Symptomatik des demenziellen Sprachabbaus und zeigt, wie ressourcenorientiert und personzentriert diagnostiziert werden kann. Die Leserinnen und Leser erhalten Einblicke in konkrete Rahmenbedingungen und Verfahren für die Einzel- und Gruppentherapie, für die systemische Beratung und auch für die präventive Arbeit.

www.reinhardt-verlag.de

Weiterlesen: Dysphonie

Ulla Beushausen / Claudia Haug
Stimmstörungen bei Kindern
(Praxis der Sprachtherapie und Sprachheilpädagogik; 6)
2011. 253 Seiten. 37 Abb. 8 Tab. Mit zahlr. Abb. und Tab.
(978-3-497-02204-5)

Das Buch vereint kompakt und übersichtlich Theorie und Praxis zur Therapie kindlicher Stimmstörungen. Es behandelt die physiologischen und pathophysiologischen Grundlagen kindlicher Stimmstörungen und mögliche Ursachen.

Der Leser erhält:
- konkrete Anleitung zu Anamnese und Befunderhebung,
- Entscheidungshilfen zur Festlegung der Therapieschwerpunkte,
- Überblick über gängige Therapieansätze,
- praktikable Vorgehensweisen zur Therapie,
- transparente Anleitung für Familiengespräche,
- Kommunikationstrainings mit Kindern,
- Dokumentation und Effektivität in der Therapie sowie
- bewährte Übungen und Materialien u.v.m.

www.reinhardt-verlag.de